| 생활 & 신앙 미셀러니 |

세상과 하늘 사이

세상과 하늘 사이

초판 1쇄 인쇄 | 2016년 11월 30일
초판 1쇄 발행 | 2016년 12월 01일

지은이　　　백 대 현
펴낸곳　　　도서출판 정기획(Since 1996)
출판등록　　2010년 8월 25일(제2012-000003호)
주소　　　　경기도 시흥시 서촌상가4가길 14
전화번호　　(031)498-8085
팩스　　　　(031)498-8084
홈페이지　　cad96.com
이메일　　　cad96@chol.com
블로그　　　http://blog.daum.net/cad96

ISBN　　　　979-11-953953-3-0 03230

정가　　　　13,000원

이 도서의 국립중앙도서관 출판예정도서목록(CIP)은 서지정보유통지원시스템 홈페이지(http://seoji.
nl.go.kr)와 국가자료공동목록시스템(http://www.nl.go.kr/kolisnet)에서 이용하실 수 있습니다.
(CIP제어번호 : CIP2016028949)

마음의 평안이
필요한 당신에게
바치는 책

도서출판 **정기획**

이 책은, "나는 너희처럼 뛰어난 외모도 다양한 스펙도 통장에 쌓아둔 큰 물질도 없어…. 그럼 어찌해야 하는 거니?"란 질문으로 시작합니다.

우물 속에서는 내가 가장 잘났다고 살았는데 밖에 나와 보니 나보다 잘난 사람들이 너무나 많습니다. 그로 인한 인간 사이의 상대적 열등감은 나 자신을 힘들게 할 수 있습니다. 하지만 살다 보면 자연스럽게 나 자신이 그 우물을 선택하지 않았다는 사실을, 즉 내가 국가나 지역이나 부모나 성별 등 어느 한 가지도 내 마음대로 내가 선택하지 못했다는 것을 알게 됩니다. 그러므로 열등감은 가질 필요가 없다는 등식(等式)이 성립됩니다.

나 자신을 돌이켜 봐도, 일찍 남편을 하늘로 보내고 3남 2녀를 키우시는 어머니에게 든든한 아들 역할을 하고자 했던 것은 나 자신이었지, 어머니는 나에게 그 자리를 강요한 적이 없었습니다. 하고 싶었던 공부도 이런저런 핑계로 내가 그만둔 것이었지, 형제들은 그 어느 누구도 자기들을 위해 내가 학교를 그만두기를 바란 사람은 없었던 것입니다.

인간은 내 의지와 상관없이 태어납니다. 시간이 흐르면서 천성(天性)에 다양한 삶의 배경이 모여 크게는 내성과 외성으로, 또 여러 갈래의 성향으로 드러나게 됩니다. 사람마다 약간의 다름은 있을지언정 나 자신의 못남이나 남보다 가진 게 없거나 뒤떨어지는 것을 본능적으로 세상 탓으로 돌리기도 합니다.

물론 그중에 많은 사람들은 나의 형편과 운명을 바꾸어 보고자 나름대로 노력을 하기 시작합니다. 차츰 의식(意識)이 높아지면서 인간의 삶에 대해 연구했던 동서양의 선대 철학자들의 가르침이나 세상에서 성공했다는 사람들의 처세술도 펴게 됩니다. 그러나 '이리해라, 저렇게 해봐라, 그리하면 성공할 것이다!'라고 쓰여 있는 비슷한 내용을 보면서 혹시 하는 마음으로 생의 방향을 바꾸어 보기도 하고 몇 걸음 걷다가 나와 별 차이가 없음을 깨닫고 멈춰 서서 시큰둥한 표정을 짓기도 합니다.

꼬마에게 피자 한 판을 주면 다 먹지도 못하면서 자기 것이라고 누구와도 나누어 먹지 않습니다. 학생들에게 어린이와 똑같은 한 판을 주면 일곱 조각은 먹을 수 있지만, 한 조각은 먹을 수 없다는 것을 이미 경험해 봤기 때문에 누군가가 달라고 하면 보통 한두 조각 정도는 주기 싫어도 줍니다. 어른이 되면 피자가 있어도 자식이나 지인을 먼저 배려하고 그들이 먹는 모습 앞에서 인간은 '왜 먹어야 하나'를 떠올리게 되고, 자의식(自意識)이 더 높은 사람은 먹고 사는 것만이 아니라 인생의 모든 문제는 내 지식과 경험으로는 도무지 알 수 없고, 또 내 마음대로 되는 게 거의 없고, 뭔가 알 수 없는 힘과 흐름이 있다는 것을 느끼게 됩니다. 이것을 학문용어로 보면, 산수에서 과학으로, 철학으로 종교로 내 의식이 발전하고 있다는 것을 의미합니다. 즉, 삶의 고난과 역경, 환란 등을 겪으면서 가슴 밑바닥에서부터 인간은 피조물이라는 것을 점점 확신해 나가게 되고, 꿈틀거리는 영혼으로 인해 눈에 보이지 않는 세계가 있다는 것도 믿게 되는 것입니다.

누구에게나 이즈음이 어쩌면 가장 중요한 시점입니다. 참된 종교 및 신앙을 갖게 되느냐, 아니면 이단 및 사이비 종교에 빠지게 되느냐 하는 분기점(分岐點)에 서게 됩니다. 이때 복 있는 사람은 창조주의 선택을 받게 되는데, 주위 인연을 통해서 보잘것없는 나를 위해 자신의 피로 나를 구원하신 분이 있었다는 것을 알게 되면서 받아들이게 됩니다. 눈에 보이지 않는 것을 믿는다는 것은 어쩌면 대단한 용기가 필요합니다. 그 용기와 선택으로 인해 남은 내 인생이 새롭게 탄생하고 변화되는 놀라운 은혜와 감사를 경험하게 됩니다.

이 책은 지은이가 살아오는 동안 세상에서 느꼈던 메모와 신앙생활을 하면서 문득 떠올랐던 단상(斷想)과 실제 체험을 통해 변화된 나 자신의 현재 모습입니다. 나의 못남을 남과 세상의 탓으로만 여겼던 어리석었던 자가 많은 고뇌와 시험과 연단을 통해 모든 것이 하나님의 계획과 인도하심이라는 것을 깨닫게 되면서 그 과정을 하나로 묶은 것입니다.

이 책이 가장 먼저 자신의 삶이 현재 어떤 상태든, 아직 하나님을 알지 못해 내 중심으로 인생을 사는 사람들 손에 쥐어졌으면 좋겠습니다. 그리고 외형적인 교회의 여러 부문(部門)에 참여는 하고 있으나 잘못된 가르침을 주었던 일부 목회자나 교회의 다양한 시스템 그리고 다른 성도로 인해 상처를 받았거나 분란 등 다양한 이유로 인하여 형식적인 자세로 일관하는 기존의 교인들도 봤으면 좋겠습니다.

이 책이 나오기까지 오랜 시간 부족한 나를 지켜봐 주신 하나님께 가장 먼저 감사와 영광을 돌립니다. 그리고 나를 처음으로 교회로 이끌어 주었던 초등학교 동창, 기독교 재단 학교로 전학을 하게 해서 학생 시절 성경을 알게 해 주었던 일가 어른, 청년 시절 내게 처음으로 성경을 선물했던 친구, 이 지역에서 나를 전도해서 오랜 시간 신앙의 가르침을 주신 현재 섬기는 교회의 담임목사님, 교회에서나 일터에서 교제를 통해 하나님 말씀을 나누었던 교우들, 마지막으로 두 번째 책을 낼 수 있도록 용기를 주신 채수장 장로님께 감사의 마음을 전합니다.

감사합니다.

일터에서 백 대 현

2부 세상 그리고 하늘

1부

나
그리고
세상

내 마음과 당신 마음도 달라서

서로 다른 꿈과 생각으로

이 시대를 걷고 있지만

오로지 하나만은 같아야 합니다.

그 시절 단상(斷想)

칠흑 같은 밤,
소년은 자신의 덩치와 비슷한 보따리를 들고
말없이 어머니 뒤를 따랐다.

어머니는 한 손으로 등에 업은 어린 남동생을 받치고
다른 한 손으론 여동생의 손목을 잡고 있었기에
소년은 어머니의 등만을 의지한 채
걸음을 옮길 수밖에 없었다.
소년의 시골 생활은 그렇게
어둠 속에서 시작되었다.

소년은 갑작스러운 아버지의 죽음으로
초등학교를 졸업할 때까지
세상에 나왔다는 출생신고조차 하지 못해
무적으로 학교를 다녔다.
그래선지 선생님의 눈총과 일부 친구들의 놀림으로
열등감에 빠지기도 했다.

다만, 대부분의 친구들이 보자기로 가방을 대신하고
검정 고무신을 신을 때도
도시에서 가져온 가방과 운동화로 위안을 삼았다.

소년이 살던 동네는
대부분 대를 이어 사는
전형적인 농촌과 산촌 사람들이었다.

서울에서 태어났지만
어린 시절과 사춘기 시절을 보낸 그 동네는
소년에겐 고향이나 다름없었다.

초등(국민)시절,
소년은 남들보다 밝은 편은 아니었던 것 같다.
이미 토착화되어 있는 동네문화에 쉽게 물들지 못했었고
일찍 세상을 떠난 아버지와
항상 몸이 불편했던 어머니는
소년에게 큰 부담이었다.

거짓말 같은 얘기로 들리겠지만
여태 아픔과 상처로, 기쁨과 위로로 기억되는 게
몇 가지 있다.

면사무소에서 배급한 밀가루로
한 달 내내 수제비만 해먹었던 것이나
친구들과 비 오는 날 운동을 했는데
발뒤꿈치가 곪아 퉁퉁 부어 고통스러울 때에
병원에 갈 수 없었던 형편이었으나
학교 앞 보건소에 친구가 있어서

무료로 시술을 받았던 것이나
친구의 할머니와 누나가
손자처럼 동생처럼 대해 주었던 것과
친구의 부모가 양아들이라 부를 만큼
사랑해 준 것과
친구의 부모들이 소년의 엄니를 대신해서
밥과 반찬을 날라다 준 것과
아버지가 목재상을 했던 친구와 목재 위에서
밤새도록 이야기를 했던 것과
방앗간 아들, 목사 아들로 기억되는
또 다른 친구들…
이름을 일일이 공개할 순 없지만
그들과의 추억을 기억한다.

소년은,
학교생활에서도 뚜렷하게
눈에 띄는 편은 아니었다.
하지만 유난히 그림 그리기를 좋아했다.
선생님은 소년에게
칭찬을 자주 해주셨고
그 덕분으로 학교 대표로 백일장에 나가
상도 탔었다.

고교 시절과 청년 때에, 그림이 글로 바뀌어서
현재의 생활과 직업으로 이어지는

선택이 되었지만
그림을 좋아했던 당시가
소년의 마음속에 한 폭의 그림으로
여전히 자리하고 있다.

소년의 중학생 시절 또한
초등 시절만큼이나 회색 빛깔이었다.

사춘기 즈음,
어머니의 재혼으로 새아버지가 생겼는데
그분은 술과 노름을 좋아했다.
엿장수를 하셨는데
예민했던 소년은 그를 너무 싫어했다.
새벽이고 밤이고 억지로 리어카를 밀어야 했고
일터에서 술과 노름으로 밤을 지새우는 모습은
소년의 기억 속에서 아직도 지워지지 않고 있다.
그래선지 소년은
술과 담배는 물론 그 흔한 오락까지
철이 들 무렵부터 싫어했고
지금도 현재진행형이다.

중2를 마칠 무렵, 당숙 할아버지가
소년을 서울로 전학시키기 위해 움직이셨다.
당시 기억으로는
전학하기가 곤란한 시기였으나

그분의 힘으로

전학 수속은 마무리할 수 있었다.

그렇게 그 시절은

소년의 삶에서 지워지는 듯했다.

'소년은 그 시절을 기억하는 게 싫었습니다.

그 시절 노트를 나름대로 지우려고 무던히 애를 썼지만

지우려 한들 흔적은 눌러져 있었을 뿐 여전히 남아 있었습니다.'

내게 그곳은

내게 그곳은
어릴 적 내 삶이 고스란히 남겨진 흔적이지요.
비록 거기에서 나진 않았지만
지금도 누군가 고향을 물어보면
서울이 아니라 그곳이라고 자신 있게 말하지요.

삶이 바쁘다는 핑계로
십 년을 세 번이나 돌아서
모니터를 통해 그 시절 인연을 바라보면
무엇으로도 표현하기 어려운 복받침이
눈동자 속에 배이고 금방 눈물로 바뀌어서
한 방울 한 방울 속에
그 시절이 뚜렷이 보여지네요.

낼모레면 우리는 불혹(不惑)을 넘어
하늘의 뜻을 안다는 지천명(知天命)으로 들어가지요.
그래선지 돈이나 권력이나 명예 등 세상 욕심보다
함께 지난날을 그리며 울고 웃는
내 생의 인연이 얼마나 중요한지
깨닫게 되는가 봐요.

나만을 위해 살았던 이기적인 사람에게
그 긴 시간 동안 잊지 않고
연락해 주고 기꺼이 초대해 주고
스스럼없이 편안한 말로 맞이해 주는 그들에게
감사하고 사랑한다고
늦었지만 이 글로 전하고 싶네요.

'솔직히, 그곳과 그들에 대한 내 기억은 회색 필름이지만,
그곳과 그들에 대한 내 마음은 원색 컬러입니다.'

남은 내 인생과 또 내 후세를 위해

나는 SNS(Social Network Service) 긍정적 예찬론자이다.
아침에 출근하면 커피 한 잔 들고
홈페이지, 블로그, 카페 등을
차례로 방문하는 것이 하루 일과의 출발이다.

그러던 내게, 며칠 전부터,
또 하나가 추가됐다.
그것은 밴드다.
처음엔 친구의 권유로 마지못해 들어 왔다는 핑계로
스스로 구경하는 자로 남길 원했다.
하지만 내 완벽과 결벽증에
책임감 강한 성격과 성향을
어찌 감출 수 있으리오.

밴드에 올라오는 여러 글이나 영상을 보면서
친구들 중 몇 명은 나와 비슷한 성향을 가진 것을
알 수 있었다.
또한 소수이지만 글과 댓글을 통해
자신의 가슴에 숨겨진 가시와 상처 등을
포장하는 자도 있는 것 같았다.

어제 늦은 밤, 잠이 안 온다는 명분으로
여러 글과 댓글을 보면서
비록 부족한 사람이지만
내가 해야 할 일을 하나 찾았다.
단 한 명의 친구라도 내가 필요할 것 같다는
확신이 들었다.

'우리는 오늘 어디로 가고 있는 건지
우리는 지금 무엇을 해야 하는 건지
우리는 누구와 동행하고 있는 건지…'

우리는 또래로 만났지만
서로 교제하면서
세상을 창조하신 분이 우리에게 준
위의 질문과 그 답을 제대로 익혀서
혹여 아직도 그 길을 알지 못해
세상을 방황하고 고뇌하는 친구가 있다면
그 답을 찾게 해서
남은 내 인생과 또 내 후세를 위해
우리 자신들이 어떤 언행으로 임해야 하는지
그 화두를 조금이나마 제시하는 자가 되고 싶다.

손가락을 걸어 본다

어린 시절 친구에게서 전화가 왔다.
서로 인사를 마치자 그 친구는
친구의 중요성과
친구에 대한 선입견(先入見)을 경계하는 말을 했다.

"극히 소수의 그릇된 친구 때문에
착한 대부분의 친구들을 멀리하는 것은
나 자신의 인생길에 결코
도움이 되지 않는다."는 요지의 말이었다.

문득, 피천득 님의 글이 생각났다.
"어리석은 사람은 인연을 만나도 몰라보고
보통 사람은 인연인 줄 알면서도 놓치고
현명한 사람은 옷깃만 스쳐도 인연을 살려낸다."

통화의 여운이 사라지기도 전에
페이스북에 친구로 등록된 어떤 분이,
모 작가가
"인연은 꽃과 같아서 가꿀수록 피어난다."란
말을 한 것을 듣고 깨달아서
먼저 얼마 전 다투었던 후배와 화해를 하고

"지금부터라도 인연의 중요성에 대한 실천을
몸소 하기로 했다."라고 말했다.

나도 그처럼,
옷깃만 스쳐도 귀한 인연인 것을
어린 시절, 오랜 시간 함께 했던 친구들이
얼마나 귀한 인연인가를
다시금 가슴에 담으며
꽃을 대하듯 사랑으로 잘 가꾸어야겠다고
스치는 봄바람을 붙잡아
새끼손가락을 걸어 본다.

'나의 인연은 꽃입니다.
꽃을 대하듯 사랑으로 잘 가꾸어야겠습니다.'

차츰 사라지는 낭만(浪漫)

항상 이 시간이면
습관처럼 행해졌던 일상이 다른 이유로 밀리자
얼른 핸드폰만 들고
공원으로 나왔다.

자주 거닐던 밤 공원의 정경(情景)이
평소와 다르게 많이 변해 있었다.

공원의 분위기는 아랑곳없이
덮개를 열고 새롭게 연 밴드에서
어제부터 다시 가입하는 어린 시절 벗들의 번호를
가리지 않고 연락처에 담았다.

그러자 카카오스토리에 그들이 등장한다.
한가함을 핑계로 그들의 공간을 주인의 허락도 받지 않고
구경하며 돌아다녔다.

각기 사는 모양과 테마가 있었다.
지인들과 운동하는 것을
아니면 하는 일을, 가정을, 자식을…
사람마다 하루 24시간 숨 쉬는 건 같아도

사는 방법이나 목적 초점 등은 차이가 난다는 것을
예상했던 대로
다시 한 번 확인할 수 있었다.

하지만 여러 공간을 들락날락해도
내가 찾고 기다리는
낭만을 즐기는 벗들은 의외로 눈에 들어오지 않았다.

가로등에 의지하여 걸음을 옮기면서
벗들의 공간을 훔쳐보면서
'이젠 다 이렇게 시들어 가는구나.'를 생각하니
표현할 수 없는 아쉬움에 소리 없는 한숨이 나온다.

모 철학자는,
'사람은 살아가면서 살기 위해
어릴 적 가슴에 품었던 낭만(浪漫)은
시간과 함께 서서히 죽어간다.'라고 했다.

아마도 낭만이 죽어간다는 것은
그의 말대로라면
나이를 먹어간다는 증거 중 하나일 것이다.
나 자신의 삶의 중심이
의식주를 해결하기 위한 몸부림이나
자식을 먼저 생각한다는 마음이나
남들보다 뭔가 앞서야 한다는 초조함이나 기대감

아니면 하는 일을 통해 얻고 싶어 하는
명예, 권력, 물질 등
나도 그들과 하등 다를 게 없으니
무슨 말이 필요하겠느냐마는
이것이 보통 사람의 삶이라면
너무나 분하고 속상하다는 생각을 하게 된다.

나이를 먹어가며 가장 힘든 것은
차츰 사라지는 낭만이라는 공간 속에
삶에 지쳐 생겨난 절망이 채워지는 것이다.

이럴 때에 감사하게도 다행인 것은,
어제 내게 보내져 온
어떤 친구의 장문의 인사다.

비록 살기 위해 하루하루를 세상과 타협하며
살고 있다손 치더라도
이런 시간에
티끌 먼지만큼이나 그 낭만을 유지하려는
나나, 그런 친구가 있다면
현실로 인해 잠재(潛在)되어 있는 친구들을 찾아낼 수 있다면
나이 먹는 것이 그리 나쁜 것은 아닐 거라는
결론을 얻는다.
'밤 산책은 이래서 참 좋다.'

우(愚)를 범하지 않도록

오늘 이 시간에도
사람들은 골프, 등산, 승마. 볼링, 댄스 등등
각자 기호(嗜好)에 따라 생(生)을 보낸다.

사람은 자기와 비슷한 사람을 좋아한다.
같은 취미를 가지게 되면
자연스럽게 자주 만나게 되고
그 관계를 유지하기 위해
나름대로 노력하는 것을 본다.
여기까지가 매개(媒介)로 인해
관심과 호감(好感)을 갖게 되는 단계이다.

다음은 감정 교류 단계이다.
같은 취미로 만났지만
살아온 환경이나 배움 등으로
시간의 흐름과 함께
각자 다른 성격이 나타나기 시작한다.

나와 같은 놀이를 추구하지만
나와 다른 성향(性向)을 알게 되면서
서로 시기, 질투, 미움 등

반목(反目)의 과정으로 들어가게 된다.

문제는 지금부터다.
우리 눈에 보이지 않는 감정은
나의 객관적인 여러 수준(의식)에 따라
극명하게 달라지기 시작한다.
긍정, 신뢰, 용서, 이해, 감사 등 긍정적인 길과
경멸, 미움, 근심, 절망, 비난 등 부정적인 길로
서로의 걸음, 즉 행동이 달라진다는 것이다.

그 행동을 우리 또래에 대입해 보자.
나의 가치관이 정립(定立)되기 전 나이
이팔청춘을 같이했던 우리는
삼십 여년이란 시간 동안 서로 다른 생을 살아왔고
오늘도 진행 중이다.

우리는 어떤 일에도 흔들림 없는 나이를
지칭하는 불혹(不惑)을 살면서
하늘의 뜻을 알기 시작한다는 지천명(知天命)이
코앞에 있다.

또래라는 연결고리는 있지만
삼십 여년이란 시간을 통해
서로 다른 이질적인 요소를 가지고 있다.
공통분모는 있지만

지금부터가 중요하다는 것을 말하는 것이다.

인간 사이에서 가장 중요하게 알아야 할 단어는

'틀리다'라는 동사와 '다르다'라는 형용사다.

'틀리다'는 이미 감정이 어긋난 것을 의미하므로

인간관계에서만큼은 쓰지 말아야 할 불가용어다.

'다르다'라는 단어는

사물의 고유한 성질이나 상태를 지칭하므로

그 뜻을 대충 짐작만 하더라도

각기 다른 모양으로 살아온 서로를

인정하겠다는 자세를 자연스럽게 가질 수 있다.

인간관계가 어긋나게 되는 징조는,

저 사람의 고유한 성질이나 상태를 인정하지 않고

나만의 기준 즉 편견과 아집(我執) 등으로

상대를 몰아붙일 때

'나와 틀리다'는 '너는 싫다'라는 언행으로 나올 때이다.

그러므로 인간은 '틀리다'와 '다르다'를 명확하게

이해할 수 있을 때

삶의 기본자세가 달라진다.

나의 의식수준이 높아진다.

의식(意識)수준의 최고 꼭대기에

'깨달음'이 자리하는 이유가 바로 그것이다.

깨달음을 얻은 자의 언행은

유연함과 친절, 용서 그리고 공존 공생의 가짐,
인류에 공헌하겠다는 가짐 등으로 연출된다.

우리 각자 가진 재능을
나만을 위함에서 너를 위함으로
주위 사람을 사랑하고 세상을 넓게 보려는 것으로
표현될 때 세상은 밝아지고
창조주가 원하시는 게 된다.

우리,
오늘 어떤 관심거리와 우연으로 관계가 이어졌다 한들
서로 다르게 그린 생의 그림을 인정하고
감정을 이해하는 것
내가 먼저 이어진 손을 놓는다거나
상대에게 손을 놓게 만드는
우(愚)를 범하지 않도록 노력하자.

'우리는 각기 다르게 그린
서로의 생의 그림을 인정할 줄 알아야 합니다.'

여기 앉아

여기 앉아
저 건너를 보면
이토록 아름다운데

저 숲에 들어가면
왜 힘들지…

바깥에서 보면
모두가 웃는데
왜 가슴들은
울고 있는 거야…

아아, 그래서 이런 벤치는
이 자리에 덩그러니
있는 거야…

나 같은 사람들이
잠시 앉아 쉬어 가라고…
생각해 보라고…

그 깊은 뜻

"왜 글을 써요?"

"글쎄…."

"책 만들어서 돈 벌 것도 아니면서 뭐하러 써요?
힘들게…."

"힘든 건 아니?"

"당연하죠! 글 쓰는 거 힘들더라고요?
저는 두 줄 쓰다 보면 머리가 아파져요."

"하하하, 그러니? 사실 나도 힘들어…"

"그니까 힘들게 뭐하러 쓰냐고요!"

"말하면 알겠어? 힘은 들지만 쓰려고 노력하는
그 깊은 뜻을…."

모 작가는 다음과 같이 말했다.
"작가는 홀로 맞서야 합니다.

어느 누군가가 대신해서 글을 써줄 수 없습니다.
그 누군가가 대신해서 삶을 살아줄 수 없습니다.
세상 사람과 더불어 살지만 홀로 맞서
절대 고독의 높은 돌담 벽을 넘어서야
괜찮은 작가가 될 수 있습니다.
괜찮은 삶을 살 수 있습니다."

유명한 작가도, 작가를 꿈꾸는 사람도,
나 같은 보통 사람도
인간의 삶을 다른 이들보다 한 번 더
생각해 보고 고독조차 즐기는(?) 자들이다.

위 작가가 말했듯이
홀로 세상과 맞서 찾고 얻은 것을 문자로 남겨서
여타 인간의 영혼을 긍정적으로 깨우는 데 일조하고
한 번뿐인 일생 동안 자신의 재능을
다른 이들과 함께 나누기 위함이다.

'저는 인간의 삶을 다른 이들보다 한 번 더
생각해 보고 고독조차 즐기는(?) 자들 중 하나입니다.'

알아야 할 것이다

병원 휴게실에서 멍하니 TV를 본다.
대부분 육신의 질병으로 누워 있는 곳인데
TV 속 출연자들은
아랑곳없이 박장대소(拍掌大笑)하고 있다.

TV 옆 책장에서는
여러 종교단체에서 진열해 둔 책들이
아까부터 나를 쳐다보고 있다.

안경을 착용했음에도 정확한 책명이 보이지 않아서
허리를 굽힌 채 곁으로 다가갔다.

예상했던 대로 가지각색의 옷을 입은 책들이
제멋대로 방긋하고 있다.
난 어김없이 내가 좋아하는 것을 잡았다.

보통 사람들은 지금의 나처럼
내가 읽을 책은 내가 선택한다고 한다.
그러나 옳은 마음가짐이 아니다.
책은 내가 선택하는 것이 아니다.
책이 나를 선택하는 것이다.

책은 저 자리에서 있었고,
내가 다가가 책을 선택한 것 같지만 그 반대라는 것이다.

사람들마다 각자 어떠한 책을 접한 순간
그 사람의 영혼(여기선 자의식이라 해도 무방하다)의
현재 수준이다.

책이 내 눈앞에서 춤을 추다가
그 사람의 취향과 수준을 파악한 뒤
알아서 매치(Match)한다는 말이다.

저 진열장의 대부분의 책은
심령이 약해진 자들
즉, 육신의 질병으로 누워 있는 자들이나
그들을 위로하기 위해 온 사람들에게
이런 시간을 통해 수준이 올라가기를
기다리고 있는 것이다.

고통으로 신음하는 자들 앞에서
희희낙락(喜喜樂樂)하는 TV 속 저들의 잘못이라기보다는
그 장면에 의지해 현재의 힘겨움을 달래고자 하는
그들의 가짐이 바뀌는 순간
그들 앞으로 다가가고자 하는 책의 마음을
우린 알아야 할 것이다.

'책은 내가 선택하는 것이 아닙니다. 책이 나를 선택하는 것입니다.

책은 저 자리에서 있었고, 내가 다가가 책을 선택한 것 같지만,

그 반대라는 것입니다.'

아니지 않은가

얼마나 마음이 아팠으면
내 몸에 기름을 붓고 불로 태울 수 있을까

그 수모가 어느 정도였기에
내 몸을 기꺼이 한 줌의 재와 바꾸려 드는가

얼마나 가진 게 많고
높은 자리에 앉아 있다고
한 인간을 일개 짐승처럼 대할 수 있을까

칠십을 넘게 산 사람도
살아온 시간이 있는데
한 생명을 이렇게 짓밟을 수 있는 걸까

그들을 보진 못했어도
충분히 알 것 같은 이런 기분은
과연 무엇일까

그들 모두 사랑하는 가족이 있을 진데
먼저 가겠다는 말을 남긴 자도
그런 원인을 제공하는 자도

후대에 어떤 말과 결과를 듣고 낳으려고
그런 행동을 할 수 있을까

거대하고 호화찬란한 건물 속에
금고에 넘치는 물질을 쌓아 두었다 한들
남들보다 못 배우고
혹여 가진 게 없다 한들
저런 모양으로 사는 건
우리 어린 세대에게 보이는 건
어른의 자세가 아니지 않은가

'우리 어른은 어린 세대에게 무엇을 보여야 할지
어른의 자세가 무엇인지 고민해 봐야 합니다.'

어찌 그리 탁한지

가족이나 지인이 하늘로 가서서
슬픔에 위로가 필요한 사람이 있고
생일이나 합격, 승진 등
축하받아야 할 사람들도 있고

똑같은 하루를 우린 각기 다른 물감으로
색칠을 하고
우리네 희로애락은
물레바퀴처럼 돌고 도는 것일 진데

지금 나의 기쁨과 가진 복이
영원할 거라는 착각 속에
낮은 자를 힘들게 하는 것이
얼마나 우매한 짓이던가.

서로 이해하고 상대를 인정하려는 게
삶의 자세요, 사는 방법이라는 건
초등학문을 넘지 못한 자도 알고 있고
동시대 공존 공생하는 것이 얼마나 큰 감사 거리인데
우리는 무엇을 위해
타인에게 상처 주고 아픔을 주는가.

높은 자는 낮은 자를 따뜻하게 안아주고
낮은 자는 높은 자를 존경하는 게
세상의 이치인 것을
기본 이치도 모르면서
최고의 학문을 패스하면 어떤 의미가 있고
최고의 스펙과 권력을 가진들
무슨 소용이 있는 것인가.

인생 백 년 바람과 안개에 불과함이요,
차고 넘치는 부와 명예를 가졌다 한들
내일 일을 모를 진데
요즘 세상 공기는 어찌 그리 탁한지….

'인생 백 년 바람과 안개에 불과함이요,

차고 넘치는 부와 명예를 가졌다 한들 내일 일을 모를 진데….'

그 날을 기다리고 있을 뿐이다

병적(病的)일 정도로 싫어하고 피하는 사람이 있다.
자기의 몸조차 이기지 못할 만큼 술을 마시면서
비속어로 주정(酒酊)하는 자와
한탕주의에 빠져 도박을 일삼는 자의 마음가짐과 눈빛이다.
어리고 예민했던 시절에
머리에 세뇌된 결과라고 짐작된다.

하지만 그들에게
"당신들이 싫다!"라고
겉으로 표현해 본 적은 거의 없었던 것 같다.
이런저런 핑계로 그들과의 만남을 주저하고
멀리 떨어져서 대할 뿐이다.

반면 인간의 한계를 인정하고
나 개인이 가진 능력을 겸손하게 행하는 것을 알고
현재의 삶이 어떠하든 주위를 돌아볼 줄 아는
그런 사려 깊은 사람들과 커피 한 잔 앞에 두고
대화를 통해 배움을 갖는 걸 좋아한다.

물론, 취향대로 구분하여 대하는 것은
나만의 편견일 수 있다.

다만 여태 살면서 전자의 사람들과의 만남은
영혼을 힘들고 메마르게 했다.

내 눈으로 보고 대하고 경험하면서
나 자신의 영적 능력 향상 없이는
그들을 이겨낼 수 없다는 것을 알게 되었다.

나는 목적이 하나인 후자 성향의 사람들과
지속적인 교제를 통해 사랑을 받고 배워서
아직도 해소한다는 핑계로
어둠에서 헤어 나오지 못하는 그들에게
내가 받은 사랑을 돌려줄 수 있는
그 날을 기다리고 있을 뿐이다.

'그들에게 제가 받은 사랑을
돌려줄 수 있는 그 날을 기다리고 있을 뿐입니다.'

생각과 결단을 하게 하는

어린이날 아들에게,

"야구장은 이미 매진이라 어려울 거 같고 뭐 할까나?"

"영화 보러 가죠! 요즘 '역린'이 인기라네요!"

"엥? 너 사극은 안 보자나?"

"이젠, 역사를 좀 알아야 할 거 같아요.
역사가 쉬운 거 같은데 오히려 더 복잡하고 어려운 거 같아요."

나는 두말하지 않고
아들 마음이 바뀌기 전에 극장으로 향했고,
해당 영화를 봤다.

상영이 끝난 후,

"너, 뭔 내용인지 알겠니?"

"…?"

아들은 아무런 대답을 하지 않았다.
전후 배경을 모를 진데 어찌 대답할 수 있으리오.

* * *

오랜만에 저녁 산책을 하면서
낮엔 본 영화를 떠올려 봤다.

영화 중간에 임금이 내관에게
중용 23장을 외워보라는 장면이 나온다.
그 대사는 영화 마지막 부분에 다시 등장한다.

요즘 사회적인 이슈 안에 있는 고관대작들과
나랏일을 하는 모든 사람들이 최소한 사서(四書)
아니, 중용 정도만 읽고
벼슬을 했더라면…

나 같은 필부도
지금으로부터 거의 이십여 년 전,
내 일을 시작하면서
상호를 두고 고민을 하면서
정도(正道)와 중용(中庸)의 의미를 담아
그 이름을 정했고
지금도 나름대로 노력하는 편인데…

'정도'의 사전적 의미는,
'올바른 길, 사람이 행해야 할 바른길, 정당한 도리'다.
'중용'의 사전적 의미는,
'지나치거나 모자라지 아니하고
한쪽으로 치우치지도 아니한,
떳떳하며 변함이 없는 상태나 정도'다.

최소한 두 단어의 의미만이라도 아는 자들이
고관대작을 하고 있었다면
정말로 이번 일은 일어나지 않았을 텐데…

옛 선조님들은
'수신제가(修身齊家)'를 통해
'인간은 무엇으로 어찌 살아야 하는가'를
몸과 마음으로 실천했다.
글자를 배우기 시작한 시점부터 끝까지
그 답을 찾기 위해 노력했고 자긍심으로 살았다.

이제라도 나라를 움직이는 분들이
영화 마지막 부분에서 반복해서 등장했던
중용 23장 내용 즉,
'작은 일도 무시하지 않고 최선을 다해야 한다.
작은 일에도 최선을 다하면 정성스럽게 된다.
정성스럽게 되면 겉에 배어 나오고
겉에 배어 나오면 겉으로 드러나고

겉으로 드러나면 이내 밝아지고
밝아지면 남을 감동시키고
남을 감동시키면 이내 변하게 되고 변하면 생육된다.
그러니 오직 세상에서 지극히 정성을 다하는 사람만이
나와 세상을 변하게 할 수 있는 것이다.'를
가슴에 새겼으면 한다.

어린 나이의 학생들이 귀한 생명을
비겁한 어른들의 놀음으로 인해 빼앗기게 된 것에 대해
어른의 한 사람으로서 책임감을 갖게 된 이 시기에
내 아들에게만이라도
역사와 고서(古書)를 제대로 가르쳐야겠다는
생각과 결단을 하게 하는
저녁 산책이었다.

'정도(正道)와 중용(中庸)의 사전적 의미만 알고 있더라도
이런 일은 일어나지 않을 것입니다.'

다 그런 것이다

러시아의 세계적 문호(文豪) 톨스토이는
작가로서의 명성뿐 아니라
비평 및 사상가로서도 널리 알려진 인물이다.

그가 알려지게 된 바탕에는
필수적으로 등장하는 인물이 있는데
그의 아내 '소피야'다.

악처(?)로만 알려진 소피야가
뛰어난 예술성과 감수성으로
톨스토이의 여러 작품에 관여한 것은
알 만한 사람은 알고 있을 것이다.

당시 시대적 배경으로 봤을 때
귀족 집안의 남편, 즉 남자의 지위에 따라
소극적인 처세에 머물러야만 했던
여자로서의 삶은
그녀를 악처로 둔갑시킬 수밖에 없었다는
예상을 어느 정도 할 수 있다.
남편 톨스토이의 바깥세상에서의 자세와
가정에서의 삶이 극명하게 다른 것을 두고

그녀는 다양한 방법으로
표출(表出)하였다는 것이다.

다른 관점에서 볼 때,
뛰어난 작가로서의 톨스토이는
그런 아내가 옆에 있었다는 이유만으로
깊은 생각과 그에 따른 여러 갈래의
인간의 삶에 대해 고민했을 것 같다.

그는 자신의 타고난 재능에
악처로 지칭되는 아내를 비롯한 주위 사람들로 인해
세상이 알아주는 유명인이 된 것이다.

사람은 다 그런 것이다.
나만의 특출한 재능 하나만으로는 위인이 될 수 없다.
시대적 상황과 동시대 함께 한 사람들과의
대립과 경쟁 또는 협력 등을 통해
정상의 자리에 오를 수 있는 것이다.

성공은 다른 사람들과 함께할 때 이루어지고
또 나누어야 의미가 있는 것이지,
홀로 이루었다 하여 혼자만 독차지하려는 것은
손바닥으로 안개를 쥐고 있는 것이다.

'성공을 혼자만 독차지하려는 것은
손바닥으로 안개를 쥐고 있는 것입니다.'

비싼 포장지로 바꾸려 하지 말자

대화를 나누다 보면,
유난히 자신의 과거나 현재를 두고
처음부터 끝까지 자화자찬(自畵自讚)하는 사람이 있다.

언제부턴가 내게는
그들의 말 속에 담긴 단어나 구절 등을 놓고
글자 하나하나에 담긴 감정을
해석해 보고자 하는 못된(?) 버릇이 생겼다.

글이라는 것이
내가 가진 생각을 필기구를 통해 정리하는 것이라면
말이라는 것은
내 마음속에 담긴 것을 입술을 통해 내놓는 것이다.

지금 내가 어떤 경험을 통해 갖게 된 생각을
자판을 통해 남기고 있듯
그들은 각자 자신의 삶을 통해 마음에 담은 것을
상대에게 표현하고 있다는 것이다.

요즘 나는 못된 버릇을 통해 한 가지 사실을 알게 되었다.
둘 또는 여럿이 대화하는 중에

화두를 벗어나 자기 자랑을 일삼는 이들의 공통점은
대부분 열등감과 상처를 가진 자들이라는 거다.
내 마음에 있는 것은 나 외에는 아무도 모를 거라는 착각으로
자신의 과거에 어울리지 않는 포장을 하여
내놓고 있는 것이다.

글쓰기에 앞서 많은 읽기가 선행되어야 하듯
말하기 전에는 듣는 자세가 중요하다.
즉, 좋은 글은 수많은 독서가 거름이 되듯
원활한 대화는 잘 들어주는 데서 나온다는 것이다.

여기저기 부서진 돌멩이에 불과했던 자신의 과거를
금처럼 은처럼 포장해서 말하는 것은
상대편도 표현하지 않을 뿐 금세 알아차린다는 것을
말하는 것이다.

수많은 풍파에 눌렸던 자신의 과거를
비싼 포장지로 애써 바꾸려 하지 말고
있는 그대로 진솔하게 내놓을 때만이
앞에서 내 얘기를 들어주는 사람도
끝까지 진심을 가지고 나를 대해 준다.
우리 인간은 서로 다른 모양으로 깨진 돌멩이 집합체다.
서로 다르게 깨진 모양은 사랑이 담긴 대화만이
메워 준다.

'글이라는 것이 내가 가진 생각을 필기구를 통해
정리하는 것이라면 말이라는 것은 내 마음속에 담긴 것을
입술을 통해 내놓는 것입니다.'

인간은 다 똑같습니다

내 맘에 담긴 인생의 알들이
내 혀와 입술을 통해 하나씩 나오는 걸
우린 '말한다'라고 합니다.

내가 여태껏 살아오면서
듣고 말하고 읽고 쓰면서 행했던 그 모든 것이
가지각색의 알이 되어
마음속에 자리하게 된 것입니다.

알의 종류는
우리가 잘 알고 있듯
희로애락(喜怒哀樂)과 애오욕(愛惡慾)
즉, 일곱 가지 감정으로 분류하여
부르기도 합니다.

마음에 자리한 그런 각각의 감정은
생각이라는 것을 통해
나름대로 정리되어서
입을 통해 세상 밖으로 나오는데
마음과 생각은 서로 다르게
표현될 수 있습니다.

누군가와 대화를 나눌 때
우린 각자의 마음에 담긴 것을 기초로 교류하지만
실제 내 마음에 담긴 것이
내 생각을 통해 입 밖으로 나오면서
현재의 감정이나 상황에 따라
다르게 상대에게 가게 되는 것을
말합니다.

그래서 대화를 나눌 때
상대를 잘 알지 못하면
먼저 들어주는 게 아주 중요합니다.
상대의 말을 들어주면서
그 사람의 생애 동안 이미 굳어진 마음 상태와
현재의 마음 상태가
어떤 방법으로 그려지는가를
발견할 수 있고
발견한 것을 참고하면
현명한 관계를 가질 수 있는 겁니다.

우리 인간은 다 똑같습니다.
내 마음과 생각이 다르게
표현되고 움직이듯
상대도 똑같다는 것입니다.
그러므로 오늘 상대의 말실수는
내일 내 실수가 되는 것입니다.

'우리 인간은 다 똑같습니다. 내 마음과 생각이 다르게
표현되고 움직이듯 상대도 똑같다는 것입니다.'

어린이와 그 사람의 차이

창밖을 바라보고 있는 어린이에게,

"어른 없이 혼자 어딜 가니?"

어린이는,

"네, ○○에 엄마 심부름 가는 데요."

"이 차는 ×× 가는 건데 차를 잘못 탄 거 아니니?"

어린이는 놀라고 당황한 듯 보였지만
다음 정거장에서 내렸다.

나보다 나이가 어려 보이는 사람에게,

"××로 볼일 보러 가시나 봅니다."

"××요? 이 차는 ○○가는 거 아니었습니까?"

"이 차는 ×× 가는 건데 차를 잘못 타신 거 같습니다."

그 사람의 표정은 약간 어두워졌지만
내가 내릴 때까지 제자리에 앉아 있었다.

어린이는 순수해서
자기의 실수를 곧바로 인정하고 바꾸지만
자기 생각과 기준이 세월과 함께 강해진 사람들은
자신만의 고집(固執)이나 아집(我執), 오만(傲慢) 등으로
꼭 환란과 시험을 겪고 나서야
올바른 목적지를 찾는다.

왜 그럴까?

'어리석은 자는 그의 마음에 이르기를 하나님이 없다 하는도다.
그들은 부패하고 그 행실이 가증하니 선을 행하는 자가 없도다.'

(시편 14편 1절)

가을과 겨울 문턱 사이에서

똑같은 눈이지만
시력 차이가 있고 보는 관점에 따라 달라 보이듯
우리네 마음도 같을 수는 없을 겁니다.

내 마음과 당신 마음도 달라서
서로 다른 꿈과 생각으로
이 시대를 걷고 있지만
오로지 하나만은 같아야 합니다.

창조주는 세상을 만드신 후
자신의 형상대로 우리 각자를 빚으시고
우리가 너무나 사랑스러워서
흐뭇해 하셨습니다.

안타깝게도 그들의 작전에 농락당하면서
서로 사랑하고 행복만을 누려야 했던 우리 사이가
시기와 질투 미움 등 반목으로
하루에도 수를 셀 수 없을 만큼
눈과 마음은 변덕의 연속입니다.

서로가 창조주을 향한 눈과 마음만 동일하다면

그 외의 모든 것들이 다르고 틀어져도
이해할 수 있고 되돌릴 수 있고 용서할 수 있지만
그것이 다르면
그 어떤 하위 부분이 통한다 할지라도
이미 갈라짐은 예정된 것입니다.

창조주께서
오늘 같은 을씨년스러운 날을 주신 것은
다 이유가 있습니다.

창조주는
가을과 겨울 문턱 사이에서
우리가 무엇을 깨닫는지 지켜보고 계십니다.

'남자와 여자를 창조하셨고, 그들이 창조되던 날에 하나님이
그들에게 복을 주시고, 그들의 이름을 사람이라 일컬으셨더라.'

(창세기 5장 2절)

낙엽이 우리에게 해주고픈 말

항상 이맘때면
세상 많은 사람들이 나를 찾아온다.

큰 소리로 아름다움을 표현하기도 하고
나를 자신의 손과 가슴에 안고
비벼대며 즐거워하거나
자신의 입술에 맞춤까지 한다.

나로 인해 사람들이 좋아하고
행복해하는 모습을 보면
나도 흐뭇한 마음이 든다.

이런 나를 보며
나름대로 만끽하며 눈과 맘을 즐기는
사람들에게 꼭 해주고픈
말이 있다.

지금의 내 모습은
나 스스로의 의지가 아니라는 것을…
계절을 돌며 변화하는 나의 흐름을
나 자신조차 잘 알지 못한다는 것을…

지금의 내가 여러분에게
이 계절에 작은 희망과 기쁨을 주는 것은
다 이 세상을 창조하신 하나님의
계획과 역사다.

이런 계절이면 때론 작아지는 당신도
그 누군가에게는 나와 같은 역할을 할 수 있다.

나도, 당신도
우린 각자 나를 죽이고 낮아져서 주위를 돌아보며
살아야 하는 것이다.

내가 늙어 썩어져서 사라지기 전에
요즘 같은 힘든 시기에
당신이 새로운 소망과 미래의 희망을
꼭 찾았으면 좋겠다.

'이 계절에 작은 희망과 기쁨을 주는 것은
다 이 세상을 창조하신 하나님의 계획과 역사입니다.'

낙엽이 주는 작은 메시지

바람에 의해 나부끼던 낙엽들이
내 가게 앞으로 모여든다.

쌓인 낙엽 무리를 보고
오는 손님이 게으른 주인이라 생각할까 해서
얼른 빗자루를 들고 저만치 밀어 버렸다.

돌아서 들어와 다시 보면
어느새 똑같은 자리에 낙엽이
하나둘 다시 모여든다.
또 쓸어버릴까 말까 생각하는 사이
참으로 기이한 장면을 본다.

낙엽들이 강하고 차가운 바람에 의해
흩어지는 것이 아니라
서로 하나가 되기 위해 빙빙 돌며 서로의
옆구리로 끼어드는 것이다.

사람도 내가 최고인 양 산다 해도
이렇게 가기 전에는 서로를 의지하며
살아가야 할 것을…

내가 흩어져라 쓸어버린들

낙엽이 다시 모여드는 것처럼

우리 인간의 삶도 저 낙엽과 무엇이 다를까…

오늘따라 독일의 유명한 시인이자 소설가 헤르만 헤세가

'세상은 자기 혼자서 걸어가야 한다.'라고 말했던

그 말에 담긴 모든 뜻을 반박하고 싶다.

그에 비견할 수 없지만 나는

'세상은 자기 혼자서 걸어가야 하는 것이 아니라

함께 걸어 가야 한다'라고 수정하고 싶다.

비록 살면서 내가 선택하며 살아가야 하는

일들은 너무나 많지만 선택할 때마다 나보다

너를, 아니 우리를 위하는 선택을 하면 좋을 것 같다.

조금 후면 비닐 봉투에 담길 저 낙엽들조차

서로 함께 가기 위해 몰려드는 것처럼

함께 하는 것은 이런 가을에 외롭지 않을 것 같다.

지금도 내 인생은 내 것이고

내 길은 내가 선택하며 살아간다고 자신하는 것은

교만이라는 것을

지금 저 낙엽들이 우리에게 보여주고 있는 것이다.

'내가 선택하는 모든 것은 이미 하나님께서 계획하고
실행하는 것에 불과합니다.'

안개꽃 같은 사람들

깊은 밤, 남실거리는 파도 소리처럼
음악이 피로한 제게 들려와요

사랑이 담긴 글들도
삶에 지친 가슴에 차곡차곡 쌓여요

음악과 글이 없다면
이 험한 세상 단 하루도
살 수 없을 거 같아요

음악과 글을 만드는 사람들
참 고마운 분들이에요
안개꽃 같은 사람들이에요

장미를 더욱 드러나게 해야 한다는 이유로
큰 소리로 숨 한 번 제대로 쉬지 못하고
장미의 먼발치서 서성거리는
안개꽃이요

사람들은
안개꽃이 죽음이란 것만 알아요

장미가 사랑이라면
안개꽃을 죽음이라 말하지요

그 둘이 합쳐서 '죽도록 사랑한다.'라는
그 의미까지 과연 알까요?

참, 아시나요?
안개꽃은 기쁨이라는 또 다른 의미가
더 크다는 것을

장미 주위에서 온전히 희생만 하다가
버림을 받는 안개꽃이
나 같은 보통 사람들에게
삶의 기쁨을 준대요

음악과 글을 만드는 사람들
안개꽃 같은 사람들이에요

'음악과 글을 만드는 사람들뿐 아니라 모든 예술가는
하나님이 주신 선물이므로 남을 위해 써야 마땅합니다.'

벤치 같은 사람

계절이 바뀌어도
항상 제자리를 지키는 벤치 하나가 있습니다.

앉는 사람이 어제 그 사람이 아니어도
어제처럼 반기는
벤치 하나가 있습니다.

계절과 사람은 오늘도 바뀌었지만
변함없는 벤치를 보면서
당신은 어떤 생각이 드십니까?

여기에도
그런 벤치 같은 사람은 있습니다.

오고 그리고 가는 반가움과 아쉬움 속에서도
그는 소리 없이 웃고 울고를 여러 번…

시간은 이 시간은 이렇게 가면
또 오지 못합니다.
사람의 인연은 끊어지게 되면
다시 잇기에는

전보다 몇 배 큰 노력이 필요합니다.

잡은 손을 먼저 놓을 수 있는 사람은
참 외로운 사람입니다.

잡았던, 아니 놓였던 손을
내가 먼저 다시 내미는 사람은
사랑을 아는 사람일 것입니다.

세상의 모든 사람들
내 생각, 내 맘과 다르게 움직일 것입니다.
그렇다 해도
나와 다른 그 사람들
이 세상 함께 가야 할 사람들입니다.

당신도
벤치 같은 사람이 될 수 있습니다.

우리의 오늘의 모습

바람이 부는 것 같아
나가려고 일어났어요.

온종일 일에 쫓겨
두통과 함께 가슴이 답답해서
바람을 통해 시원함을 찾으려 했던 거죠.

밖은 그 흔한 잡풀조차
움직이지 않았어요.
걸음을 옮기는 사이 바람은 사라진 거죠.

아쉬움에 돌아서려는데
다른 바람과 함께
비가 후드득후드득 내리는 거예요.

바람에 비까지
한 번에 두 가지를 얻게 된 것이지요.

그래요.
그 짧은 시간 사이에도
갖가지 감정이 교차하는 것이

우리의 오늘의 모습이랍니다.

인간의 희로애락(喜怒哀樂)은
저 바람과 비와 같지요.
혹여 지금 내 삶이 최저점이라 하더라도
잠시 후면 최고점이 온다는 것이지요.
믿으세요.
남의 이야기가 아니라
내 얘기라는 것을….

'형통한 날에는 기뻐하고 곤고한 날에는 되돌아보아라.

이 두 가지를 하나님이 병행하게 하사….'

(전도서 7장 14절 전반부)

너무 빨리 여길 찾아온 거야

세상에는 참 많은 사람들이 있어
가족, 친지, 벗, 이웃, 그 외 미지의 사람들…

하지만 비가 오거나 바람이 부는 이런 날은
그들은 한 명도 보이지 않아…

그래서 나는, 아직 푸른 잎을 가진 나무나
멋들어지게 자리하고 있는 정자를 찾아
차를 나누고 마음을 어루만지지…

왜 나무는 이렇게 홀로 있지…
왜 나는 수많은 지인들을 뒤로하고 여기 있지…

그렇구나…
아직도 오려면 한참을 기다려야 하는
그 계절 때문이 아니라
이미 내 마음이 예전보다 약해져서
너무 빨리 여길 찾아온 거야…

바람을 벗 삼아

많든 적든 하루 일을 마감하고 나면
습관적으로 가게를 벗어난다.

가게 근처를 배회하거나
건너편 공원을 걷기도 하고
나름대로 화두 거리를 찾아보려고
가끔은 쓸데없는 생각도 한다.
그래야만 하루의 피로가 풀리는 별색 사람이다.

희한하게도 한 사람이 사라지면
또 다른 사람이 등장하는
끊어지지 않는 그 대상들을
한가함을 이용하여 떠올려 보면
그들 모두 어디서 무엇을 하며
잘 사는지 새삼 궁금해지기도 한다.

어느 날 갑자기 등장해서
겨우 몇만 원을 갈취해 간 그 사람이나
방세가 없어서 쫓겨날 형편이라는 말로 동정을 얻어
사라진 그 사람이나
오갈 데 없어 가게의 한쪽을 이용해

잠을 자던 그 사람이나
젊은 나이가 빚에 눌려
라면과 빵으로 때우던 그 사람이나
귀신에 사로잡혀
허무맹랑한 말만 일삼던 그 사람이나
사이비 종교에 빠졌던 자신이나
온 식구가 사탄의 역사에 빠져
여기저기 질병으로 힘들어하고
고뇌하던 그 사람이나
기타 등등…

아무런 연관도 없는 그들에게
열을 올리고 침을 튀겨 가며
어떤 메시지를 전하고자 하는
나는 누구이고 또 무엇인가…

오늘도 나를 찾으려
바람을 벗 삼아, 잡풀을 대상 삼아
어둑어둑해지는 공원길을 걷는다.

'욕심이 잉태한즉 죄를 낳고 죄가 장성한즉 사망을 낳느니라.'

(야고보서 1장 15절)

사라져 가는 내가 무서워서

어제는 오랜만에
밤 산책을 했다.

나는 밤 산책을 무척 좋아한다.
잡히는 대로 낡은 추리닝을 걸치고
가장 편한 걸음 중에
평소 나의 생각을 정리할 수 있기 때문이다.
물론 생각은
때에 따라 다르다.

어제는 최근 몇 주 동안
분주했다는 핑계로
가져 보지 못했던 '나'를 화두로 삼았다.
화두만 있으면,
혼자서도 몇 시간을 때우고도 남았던 내가
어제만큼은 머리가 백지상태였다.

내가 누구인지, 내가 무엇을 하며 사는지
도저히 정리가 되지 않았다.

찰나, 깜짝 놀라는 나를 발견했다.

바쁘다는 핑계로
내 삶의 가장 중심에 자리했던
책과 글을 뒤로하고 잊고 산지가
너무 길었던 것이다.

그 순간, 먹고 살기 위함으로
서서히 바람 되어 사라져 가는 나 자신에게
아쉬움과 가여움이 엄습했다.

사라져 가는 내가 무서워서
지금 나는 아무런 중심(?)도 없는 글을
무작정 쓰고 있다.

'그러므로 염려하여 이르기를 무엇을 먹을까, 무엇을 마실까,

무엇을 입을까 하지 말라.'

(마태복음 6장 31절)

그럼 되는 거예요

한 살 더 먹는다고 달라지는 거 없어요.
그저 지금 나이에 한 살 더해지는 것뿐이죠.

내가 나 자신의 동의도 없이
부모가 정해지고 또 형제가 정해져서
세상에 나와 여태 살아온 것처럼
가는 것도 내 의지와 상관없이 가게 될 겁니다.
허니 아등바등 살 필요 없어요.

차려진 밥상에 저 사람보다 비싼 한우가 없으면
그냥 싼 수입산 먹어도 되고 삼겹살도 좋고요.
오늘 입을 옷이 저 사람이 입은 명품과 다르더라도
어제 산 길거리표 이름 없는 보세 상품이어도
잘 어울리면 되는 거예요.

애들 진학 때문에 고민하실 필요도 없어요.
내 자식들 창조주가 다 알아서 쓰시거든요.
괜히 자식들 위한다는 핑계로 힘들어하지 마세요.
그건 위함이 아니라 내 욕심이거든요.

한 살 더 먹을 때가 되니

이젠 삶이 어떤 건지
조금 알만하지 않으세요?

그렇습니다.
삶은,
지금 시계가 평소와 다름없이 가는 것처럼
자신이 위치한 곳에서 나만이 가진 것을 가지고
나만이 가진 것에 감사하며
사는 것이에요.

항상 지금 내가 살아있는 것을
가진 것을 감사하며
주위와 사랑을 나누며 사는 것
그럼 되는 거예요.

'내일 일을 위하여 염려하지 말라. 내일 일은 내일이 염려할 것이요,
한 날의 괴로움은 그날로 족하니라.'

(마태복음 6장 34절)

단 한 번뿐인 우리 삶은

님, 버스 창밖을 보세요
무수한 네온사인이
나를 유혹하며 부르고 있지요
지금은 외로운 내게
보이는 모든 것이 벗으로 여겨지지만
이 밤이 지나면 그들은
단 한마디 말도 없이 다 사라져요

님이 슬플 때나 허전할 때
나의 소중한 친구나 사랑하는 사람은
눈에 보이진 않지만
내 맘에 있는 거예요

님, 눈에 보이는 거
다 바람에 불과해요
진짜는 내 맘에 있는 거지요
그러니 창밖으로 보이는
호화찬란한 세상의 불빛으로
나를 이겨내려 하지 마시고
내 맘 안에서 나를 지탱케 해주는
나의 소중한 사람들을 밀어내려 하지 마세요

님, 단 한 번뿐인 우리 삶은
돈이나 권력이나 명예 등으로
생명을 이어가는 것이 아니라
내 맘 안에서 나를 위해 기도하는
나의 소중한 인연의 힘으로
사는 것이에요

'너희 몸은 너희가 하나님께로부터 받은 바,
너희 가운데 계신 성령의 전인 줄을 알지 못하느냐.
너희는 너희 자신의 것이 아니라.'

(고린도전서 6장 19절)

삶은 사랑이래요

삶은 사랑이래요.
삶을 가장 아름답게 사는 방법은
사랑하며 사는 것이래요.

당신, 사랑하는 사람 있으시죠?
지금 하던 일 멈추시고
그분에게 얼른 뛰어가세요.

당신이 사랑하는 그분은
당신에게서 금이나 다이아몬드 같은 보석을
원하고 있는 게 아니실 거예요.
바쁜 중에도 뛰어와 준 당신의 관심이면
그 어떤 것보다도 사랑받고 있다는 것을
아실 거예요.

지금 하던 일을 멈춘다고
그 일이 세상에서 사라지는 건 아닐 거예요.
지금 하던 일을 못한다고
그 물질이 없어지는 것도 아닐 거예요.
일과 물질은 지금 부는 바람처럼 돌고 돌아
다른 사람들이 하던가 쥐게 될 거예요.

하지만 당신이 사랑하는 그분은 돌고 돌지 않아요.
왠지 아세요?
우리에게 내일은
선택된 자들만이 볼 수 있는 날이거든요.

사랑하는 사람이 있는 행복한 당신,
지금 사랑을 표현하세요.
시간을 함께하세요.

오늘이 마지막이 될지도 모르는 그분을
당신은 사랑하는 그분을 외롭게 두지 마세요.

'삶은 사랑이다.'란 말은
세상을 창조하신 분이 우리에게 전하신
귀하고 귀한 말씀이랍니다.

'삶은 사랑이다, 란 말은 세상을 창조하신 분이
우리에게 전하신 귀하고 귀한 말씀이랍니다.'

함께 웃으며 가요

도시에 나가 본 적 있으시죠?
사람이 참 많지요.

아스팔트를 벤치 삼아
잠깐만 앉아 보실래요?

오가는 저 수많은 사람들의 얼굴
한 번씩만 나의 눈동자에 그려 보세요.
당신이 아는 얼굴 있나요?

혹여 눈 맞춤 한 사람 중에
당신이 아스팔트 위에 앉아 있는 모습
계속 봐주는 사람 있나요?

당신의 가족,
당신의 이웃, 친구, 선후배들은
어디에 있나요?

그래요.
나와 연고가 있든 없든
나는 항상 세상에

덩그러니 혼자 있는 거예요.

그래요
내가 세상에 존재하든 후에 먼지가 되든
사람들이나 세상은
여전히 제자리에 있을 겁니다.

참 슬프지 않나요?
이 넓은 세상에 홀로 머물다 홀로 가는 거
하지만 한 가지 생각만 지금 가져 보세요.
아스팔트에서 일어나
저 사람에게 "반갑습니다."라고 말해 보세요.

왜요, 쑥스럽나요?
그렇다면 여기에 인사를 남겨 보세요.
아니면 당신의 맘이 담긴 글을 올려 보세요.
쓰기 싫으시면 퍼 오셔도 되고요.

나, 그리고 당신
홀로 머물다 가기엔 너무 아깝잖아요.

나, 그리고 당신
우리 서로 작은 것부터 실천하고 노력해서
단 한 번뿐인 세상 함께 웃으며 가요.

'그래요, 나와 연고가 있든 없든 나는 항상 세상에
덩그러니 혼자 있는 거예요. 그러니 우리 함께 가야 해요.'

무엇이 저희를 힘들게 하는 겁니까

무엇이 저희를
힘들게 하는 겁니까?

나이가 들어가며 허약해지는
육신의 노쇠함 때문입니까?

해놓은 거 없이 나이만 들어서
미래에 대한 불안감 때문입니까?

오늘 채워야 할 이런저런 채무에 대한
부족한 물질 때문입니까?

잘난 게 없어서 주어진 일을 처리하지 못해
머리가 복잡하고 또 마음에
상처가 있기 때문입니까?

언제쯤이나 그런 모든 세상사가
휴지 조각에 불과함을
저희가 알게 해주시렵니까?

님은 님만을 믿고 의지하면 모든 것이

이루어진다고 말씀하시면서
왜 저희를 이런저런 시험에서
해방시켜 주시지 않습니까?

저나 저분이나 모두가 짧은 생 그저 같은 시간
같은 공간에서 이렇게 살다 가자고 하는 것을
함께 있는 동안
하나가 되지 못하게 하는 이유가 무엇입니까?

질병으로 인해 눈물로 밤을 지새우는
저분을 낫게 해주세요.

비록 못남과 게으름으로
해놓은 게 없는 바보 같은
저분이지만 희망을
먼저 알게 해주세요.

하루하루 채우기 위해 급급한 저분에게
물질이 좋으나 금속에 불과한 것을
깨닫게 해주세요.

앞으로 저나 저분에게
계속 이런 시험을 주신다면
감히 말씀드리지만
님이 저희에게 준 사명을 거역하겠습니다.

저희 맘이 님에게서
멀어지지 않게 하여 주옵소서.
저희 각자가 오늘 힘들어 하는 것을
이겨내게 하여 주옵소서.

가진 게 있든, 없든 저희에게
지금 내가 가진 것에
감사하는 마음만 주셔서
다른 것을 뒤로 미루고
서로 가까워지도록 해주옵소서.
제발 멀어지지 않게 하여 주옵소서.
님의 말씀대로
서로 사랑하며 살게 하옵소서.

사지선다 (四枝選多)

　지인이, "너는 길가에 핀 잡초와도 대화하니? 그런 이름 없는 풀에게도 의미를 부여하니?"라고 질문한 적이 있다. 나는 그럴 때마다 보이지 않는 미소로 대답한다. 그것은 그의 질문대로 하고 있다는 것을 시인하는 모양새다.

　나는 예전에는 소위 '잡학 박사'라고 자칭 떠벌리기도 했고, 글의 수준을 떠나 함께했던 클럽 회원들에게서 '사랑'에 관해 집중적으로 써나가는 내 글에 담긴 내용을 두고 '나의 생각과 사상이 매우 획기적이고 세상 시각으로 볼 때 약간의 황당함도 있다.'라는 소리를 듣기도 했다.

　나는 말로 하는 자리에서는 가끔 내 속을 감추기도 하지만 글에서는 절대 거짓을 담으려 하지 않는다. 나의 가치관이 세상 진리와 다르다 해도 일단 있는 그대로 들춰낸다. 그리고 세상 사람들에게 옳고 또는 틀리다는 소리를 들으면서 기존의 생각을 고쳐 나가거나 좀 더 확고부동(確固不動)한 나 자신의 양식으로 마음의 창고에 쌓아 왔다. 요사이는 연재하던 세상의 글을 중단하고 주로 신앙적 기조를 담은 글을 써보려고 노력하고 있다. 중단과 변화의 이유를 하나님의 계획과 역사라고 믿고 있다.

　나는 하나님의 말씀을 현재 예배드리는 교회를 중심으로 인터넷이

나 라디오나 TV 등 시간이 허용되는 한 여러 곳에서 먹고 있다. 세상에는 훌륭한 목회자들이 많다. 유머가 섞인, 꾸중과 권면, 온유함으로 또는 불처럼 하나님 말씀을 각각의 성격이나 수준으로 전하는 모습을 보면 고개가 저절로 숙여진다. 삶의 중심과 목표와 목적을 하나님 말씀 외에서는 찾지 않는 그런 분들을 보면 말씀에 완전한 순종을 하지 못하는 나 같은 부류와는 그 차원이 다를 것이다.

나는 성경을 볼 때마다 장담하는 게 있다. '성경은 하루 스물네 시간 내내 읽고 공부한다 해도, 인간은 그 누구도 죽는 그 순간까지 다 익히지 못할 것이다.'

우리 인간은 목회자든, 나 같은 평범한 성도든, 그저 주님의 형상을 닮아 가는 현재 진행형일 뿐 완벽함을 이루지 못한다는 결론을 말할 수 있다. 다만 성경을 많이 읽고 묵상하고 타인보다 말씀을 먹은 양대로 살면 다음 행보만큼은 달라질 것이라고 생각한다.

그래서 나는 세상의 화두를 앞에 두고 떠벌이는 나의 생각과 글을 평가받는 것은 즐기지만, 내 신앙이 '높다 또는 낮다'는 것은 스스로도 평가하지 않고 누군가에게 받는 것도 별로 좋아하지 않는다. 오직 주님 한 분 외에는 나의 신앙을 평가받고 싶지 않다는 것이다. 우리 인간은 상대 인간을 평가할 자격이 없다고 생각하기 때문이다.

나 자신의 신앙을 두고 인간이 서로 평가할 때 우린 잡음이 일어나고 옳고 그름을 두고 에너지가 소진될 동안 교회의 발전과 부흥과 또 쇠퇴가 일어날 거로 본다. 즉, 서로 간 평가를 즐겨하는 공동체일수록 그 공동체가 부흥되는 데는 시간이 필요하다는 것이다.

세상을 볼 때, 사람이 만들어지는 과정은 여러 가지 요인 중에 두 가지가 주로 쓰인다. 하나는 상대에게 믿음과 신뢰를 가지게 될 때 그를 주군으로 모시고 목숨까지 내놓는다. 또 하나는 나의 끼니를 주는 사람에게 내 목숨을 구걸하며 연장한다. 세상에서는 충분히 이해될 수 있으나 교회 안에서나 신앙인 사이에서는 위험한 발상이라고 생각한다.

나는 나의 두 눈으로 세상을 바라보면서 궁금했던 것을 나름대로 글을 통해 표현하고자 노력했던 지난 시간에 대한 집념과 현재의 신앙생활을 통해 얻어 가는 여러 사항에 대한 결론을 내리기 전 의심하는 것은 지금도 다 버릴 수 없음을 안다. 나의 현재의 수준을 두고 세상의 평가가 두렵다거나 함께하는 신앙인들에게 손가락질당하는 것을 두려워했다면 나는 나의 생각과 글을 이렇게 공개석상에 내놓지 않을 것이고 혼자 간직하며 거룩한 척하며 살 것이다.

그러나 내가 아무리 고결한 척해도 나의 모든 것은 하나님이 다 지켜보고 계신다. 내가 믿는 주님은 우리 인간을 각기 다르게 만들어 주신 이유가 다 있다고 믿고 있기 때문이다. 그러므로 이렇게 움직이는 나의 움직임도 하나님이 이미 계획했던 바라고 생각한다.

세상일이든, 신앙 안에서든 우리 인간은 실수와 실패의 반복 속에 성장하게 되어 있다. 그것은 당연한 것이지만 똑같은 실수와 실패를 여러 번 반복하는 것은 우매한 짓이다. 우리는 같은 실수와 실패를 줄여야 한다. 그것이 내 개인의 일이면 내 개인이 성장하는 것이고, 조직이나 공동체이면 그 단체가 성장하는 것이다.

하나님의 말씀으로 내 영의 양식으로 소화시켜 성장을 이루어야지, 말씀을 통해 제자리에 있다는 것은 개인이나 조직이나 반성해야 할 것이다. 성장하지 못하는 것을 두고 하나님의 뜻이라고 말하는 것은 핑계이자 게으름이며 반성하지 않고 서로 간 그 이유를 돌리는 것은 비겁한 행위다.

개인이나 조직이나 어떠한 일을 행할 때 주님 안에서 준비하지 않으면 모래성처럼 작은 파도에도 밀려난다. 일의 크기와 상관없이 그것을 내 개인 일이면 철저한 준비가 있어야 하고 조직의 일이면 서로 간 지혜를 나누어야 한다. 일을 할 때 즉흥적으로 시작하는 것은 내 개인의 능력과 상관없이 그 생명이 짧다. 말 좋아하는 사람들은 그것을 결단력이 있고, 치고 빠지는 데 능수능란함이 있다고 하지만 결코 성공률이 높지 않다.

나는 어린 학생들에게 시간이 될 때마다 강조하는 게 하나 있다. 그것은 정답(正答), 정답 같은 오답, 정답 섞인 오답, 그리고 오답(誤答)이다. 그 네 가지에 다음을 직결하면 이해가 될 것이다.

인생을 살아가는 데 세상을 창조하신 하나님 말씀, 즉 성경은 정답이다. 그리고 인간의 가르침은 정답 같은 오답이나 정답 섞인 오답, 즉 정답을 찾아가고 있다는 것이고 오답은 아직 안 믿는 자들로 지칭한다.

인간의 지식과 지혜 속에는 정답이 없다. 다만 정답 같은 오답이나 정답이 섞인 오답에 불과하다. 나와 같은 기독교인은 정답을 앞

에 두고 정답 같은 오답이나 정답 섞인 오답을 겪으면서 정답을 찾
는다. 믿지 않는 자들은 오답 안에서 정답이 있다고 큰소리치는 것
에 불과하다.

인생은 누가 정답을 빨리 찾아가느냐의 싸움이다. 이미 정답은 나
와 있지만, 우리 인간은 무지하고 우매해서 서로 간 다툼과 시기와 질
투 등으로 그 체력을 소진하면서 그 정답을 찾아가는 길이 멀어질 때
가 있다는 것이다. 안타깝게도 우린 다 인간이기에 거기에서 자유로
울 수가 없다. 우리가 사지선다형 시험 문제에서 정답을 잘 찾아야 공
부를 잘하는 학생이 되는 것처럼 우린 인간 사이에서 벌어지는 모든
일들을 잘 적응하고 지혜롭게 대처해야 우리는 하나님이 주신 바를
알게 되는 것이다.

우리에게 정답을 이미 알려주신 우리의 하나님이 우리에게 나머지
세 가지 과정을 겪게 하는 것은 다 이유가 있다. 그게 성경에 나오는
단어대로 말하면 시험과 환란과 연단이다.

우리는 태초에 하나였는데 오늘도 하나가 되지 못하고 있는 것은
우리 스스로 정답 같은 오답이나 정답 섞인 오답 사이에서 서로 손가
락질 하고 있는 모양에 불과하다. 어찌 보면 정답을 찾아가고 있다는
긍정도 포함된다. 하나님이 주신 정답은 서로 하나가 되기 위해 노력
할 때만이 그 답이 보이기 시작한다. 서로 진정으로 사랑할 때 정답은
드러나고 우리의 생이 찬란하게 빛나게 된다.

왜 나쁘다고 생각하십니까

"당신은 바람피우는 것이 왜 나쁘다고 생각하십니까?"

어머머? 바람이 나쁘다니? 웬 섭섭한 말씀?

나는 갈바람(가을바람) 또는 하늬바람이라고 하는 바람을 얼마나 좋아하는 데에…. 그 바람이 불면 멋지자녀? 늦가을 뉘엿뉘엿한 거리를 코트 깃을 쓰윽 올리고 땅바닥 처다보면서 낙엽을 밟으며, 시몬 너는 아느냐? 낙엽 밟는 소리를… 긍께 머시냐 있는 폼 다 잡고 말여… 글고 이른 아침 동틀 무렵 가볍게 불어오는 그 바람 있쥐이… 그거 직접 가슴으로 안 맞아 본 게으름뱅이들이야 모르쥐이! 거 이름이 뭐더라… 아! 깜빡했네? 그 바람이 샛바람일껄? 또 남쪽에서 상쾌하고 시원하게 부는 마파람도 좋고… 또또 하나가 뭐드라? 아 맞다! 높은 데서 내려오는 그 높바람 북풍도 역쉬 죽이지이.

에엥? 뭐시라구? 지금 그런 바람 야그가 아니라구? 구람 뭔데?

아하! 푸하하하, 남녀의 로맨슨데 어울리지 않는 로맨쓰?

오호 통재라! 그건 바람이 아니라 바람기(끼)라고 해야 말이 되징? 끼가 움직이면 바람난다고 하니 말은 되는 것도 같넹. 그나저나 그 엄청난 것을 장난삼아 쓰면 위선이란 가면을 쓰고 성인군자인 척하는 인간한테는 대빵 욕을 먹을틴다…

어찌 발을 들여놔야 욕을 안 먹고 내 하고자 하는 말을 다 토할까
나?

오우! 여러분 일단 한마디 먼저 던집네다.
바람기(氣)는 일단 두 가지 속성이 있다고 봐야 할 겝네다.

첫째는 이성에게 쉽게 끌리는 좀 가벼운 성질을 가진 사람을 말하
고, 두 번째는 법적으로 남편이나 아내가 있는 사람이 자기 것(?) 외에
눈을 돌리는 것을 말한다고 할 수 있겠습니다. 일단 언더스탠드?

여기 성격상 첫 번째보다는 두 번째에 가까운 사람들이 많으니께
총각과 처녀는 일단 제외하겠슴다.(제외 안 하면 말이 길어징께)

아무튼 단도직입(單刀直入)으로 말하자면, 잘못된 것이제잉! 암암. 당
연히 임자 있는 몸이 남의 것(?)을 취하면 안 된다고… 내 아들도 학교
에서 남의 것을 몰래 가지고 가면 나쁜 거라고 배운다카는 데에.

근데 말여 고것이 문제란 말이여, 도덕적이나 현실적 법규를 가지고
따지고 들면 분명히 잘못된 것인데잉… 임자가 있든 없든지 간에 사
랑이라는 것이 결부되면 말이 좀 이상하게 흐른다, 이 말이여… 좀 외
람된 말이지만 세상을 창조하신 하나님의 아들이 말여. 다 아는 이야
기 있지. 그 여인네를 앞에 두고 '니들 돌 던져 봐! 던질 수 있어?' 했
단 말이지잉. 이해 가남? 암 똑똑한 사람들이야 잘 이해할 거야….

아니라구? 궤변이라고? 그래? 들이대 볼 거여? 그래? 그럼 대 봐?

모든 것이 자기 하기 나름이고 자기 책임하에 하면 된다 이말이쥐
이. 으메, 내 그럴 줄 알았다잉. 앞선 사고라고 손가락질 할 줄 알았
다구.

웃긴 말로 바람피우다 걸리면,
"나 저 사람 사랑해서 그런 겨. 니네 떨어져 나 저 사람과 살겨. 저
사람도 나 사랑하니께. 오우 내 사랑!"
그래, 안 그래? 푸하하하!

참! 한 가지만 물어 볼까앙? 현재 나의 아내와 남편과 무슨 이유로
함께 살고 있는 강?

뭐라코? 사랑은 이미 식어 없어졌는데 애들 때문에 산다? 오우 예!

세상의 눈이 하도 많아서 결혼을 실패한 자란 말이 듣기 싫어서 산
다? 예스 아이 캔!

기타 등등…(이유가 너무 많아 중략함네다)
노우 아엠 더블더블 낫! 영어로 하지 말라고? 좋아!

천만의 말씀 쟁반 위의 오징어와 땅콩!

음… 이러다 넘 길어질 거 같으니 좀 엄숙하게 결론지어 볼까아?

다 죄인이라 그런 거야…. 인간이 죄인지 몰라서 또 죄를 짓고 싶어

서 죄를 짓나? 알면서 죄를 짓는 이유 차암나 증말 알다가도 모르겠지잉. 물론 벌레보다도 못한 인간 중에 쬐금 배웠다는 눔들이 지들 나름대로 좋은 거 나쁜 거 정해 놓구선 심판을 하려 한다 이 말이여.

근디 말여, 너와 나의 잘못, 오늘 화두인 바람이 나쁘다고 말하는 것도 심판하는 것도 그것은 인간이 할 수 없다 이 말이지. 오직 주 하나님만이 할 수 있단 말여… 한마디로 말하면, 다 하나님이 나에 대한 계획이고 섭리라고 해도 되겠지.

죄란 말이여 남의 거 가져오는 것도 죄이구 가져올까 말까 하다가 맘으로만 살짝 슬그머니 가져오는 것도 죄라 이 말이여.

에잉? 뭔 소리냐고? 차암내 엄청 꼴이네잉. 내 말은 즉슨, 크든 작든 죄는 죄인 것이고 지금 내가 죄 없다고 현재 죄 지은 자를 욕하지 말란 말이여. 욕하다가 나도 모르게 그 욕이 내게로 오는 날이 있다 이 말이지. 그것이 나의 답이랑께? 이해 안 가면 얼른 서점으로 가서 성경을 한 권 사든가 바로 옆 교회에 가 봐. 알았징?

어설픈 신앙인의 눈높이

내가 섬기는 교회에는 쌍둥이 형제가 여럿 있는데 그 아이들은 대부분 일란성이라 용모는 거의 비슷하다. 하지만 키나 덩치에서 차이가 나는 것을 보면서 같은 인간을 두 개를 만들지 않는 심오한 하나님의 인간 창조 과정을 알게 된다. 나 또한 피조물 중 하나이므로 예외가 될 수 없지만, 다만 다른 사람과 비교하였을 때 좋든, 싫든 장단점을 가진 건 인정하지 않을 수 없다.

나는 사색과 사람들과 대화를 나누면서 무언가를 배워 나가는 것을 무척 즐겨하고 의외로 야성이 강한 편이다. 구태여 정치 성향을 얘기해 보라면, 중도라고 하면서도 개혁 진보 쪽으로 기울어져 있다. 그런 성향을 가진 큰 계기는 아마도 어릴 적 읽었던, 지금은 돌아가신 분이 쓴 책이 기초가 되었던 것 같다. 세월의 흐름 속에 그 생각은 사상과 신념으로 이어졌고, 그 신념은 가장 예민했던 시기에는 종로 거리를 뭉쳐 다니는 또래의 학생들을 심정적으로 응원했다.

신념은, 출판사를 다니면서 우연히 접하게 된 동양철학으로 하여금 사람이 살아가는 데 필요한 흐름을 익히게 되면서 나도 모르게 하나의 정도주의를 형성해 버렸으며 그런 성향은 군 생활에서도 여실히 드러났다. 예를 들면, 훈련 중 사라지는 훈련병들이 궁금하여 상관에게 엉뚱한 질문을 한 거나, 그 이유를 알게 되면서 글 쓸 기회가 있을 때마다 그것은 잘못된 것이며 돈과 백이 없는 자들만 오는 게 아니냐는 약간의 부정적 시각을 몸과 마음에 담았던 것 같다.

암튼 여태 살아온 배경이 세상만사 모든 일에 개혁 진보적 언행으로 향하면서 그런 가짐을 기초로 내 기준과 생각대로 나름대로는 열심히 살면서도 인간이 자신의 의지와 상관없이 태어난 것이나 또 사는 목적 그리고 어찌 사는 것이 옳은 것인지 인간의 근본적인 내용에 대한 철학적인 궁금증은 이런저런 책을 통해 얻으면서도 정답만은 찾을 수 없었던 것 같다. 그러던 중 철학보다 한 단계 위인 종교에 관심을 갖게 되었고 오늘도 현재 진행형이다.

소위 많이 배우고 잘났다는 사람들이 내놓은 자신들만의 사상이나 가르침, 처세술 등은 모두 자기 기준이다. 한마디로 말하자면, 인간의 잣대로 본 세상의 성공 기준에 따라 그 영향력을 달리할 뿐 그 이상도, 그 이하도 아닌 것이다. 인간 각자의 주장은 진리가 되지 못한다는 것을 알게 되면서 종교, 즉 지금의 신앙생활에 접근했다는 말이다. 접근을 하게 된 그 시각으로 거슬러 올라가서 오늘날까지 아직 변하지 않은 게 하나 있다. 그것은 순수한 믿음이라기보단 아직도 내 머리를 의지하여 신앙생활을 하는 아주 못된(?) 신앙인이라는 것이다. 아직도 세상의 수많은 교회의 리더들 그러니까 목사라는 직분을 가진 분들이 자신을 주님의 종이라고 자칭하는 의미를 전적으로 믿고 있지 않다는 말과도 이어진다. 먼저 그 이유를 짧게 언급해 보자면, 교회의 리더인 목회자들도 오직 하나의 참 진리를 앞에 두고 자신들만의 배움이나 사정이나 목회 방향에 따라 진리를 다르게 해석하고 또 전할 수도 있겠다는 것을 예상할 수 있기 때문이다.

요즘 내겐 두 가지 화두가 머리에서 빙빙 돈다. 하나는, 교회 안에서 교우 사이가 갈라지는 이유와 성도로서 중요하지만 자유롭지 못한 십일조 문제가 그것이다. 두 가지 모두 교회 내에서 쉽게 꺼낼 수 없는 어렵고도 복잡한 문제일 것이다. 이 글은 어렵고도 복잡한 주제를 현재 나의 신앙의 기준으로 기술했으니 혹여 이 글을 읽는 수많은 목회자들이나 믿음과 순종으로 열심히 신앙생활하는 사람들은 넓은 마음으로 생각해 주면 고맙겠다.

공부 시간에 대형 교회 조직이 갈라지는 이유를 간략하게 듣게 되었지만, 한쪽의 입장만을 고수한 그 내용으로는 나의 궁금증은 해소되지 않았다. 물론 그 주제를 토론하기에는 시간도 부족했으나 예상(?)대로 싱겁게 끝나 버렸다. 공부를 진행하는 분은 아마도 갈라진 그 이유나 원인은, 신앙생활에 크게 중요한 부분이 아니거나 일반 신앙인은 구태여 알아 둘 필요가 없을 거라고 생각했는지도 모르겠다.

이 글을 읽는 자들 중에 전문적인 신앙공부를 많이 한, 수많은 목회자들 입장에선 어이가 없어서 웃을 수 있는 얘기가 있다.

과거로 거슬러 올라가서 현재의 신앙생활을 수많은 종교 중 하나의 형태로만 이해하고 있을 때 과연 어느 종교가 내게 가장 합당할까를 두고 마지막까지 천주교와 기독교를 두고 저울질했다. 예배의 형식이 상대적으로 경건한 천주교는 여러 면에서 내 입맛을 충족시키기에는 부족함이 없었으나 작은 공간에서 인간이 다른 인간을 통해 죄의 사함을 받고 하는 형식이나 예배 후 모습이 세상 공동체와 별로 다를 게 없는 자유분방함은 앞뒤가 맞지 않는다고 생각했다. 특히 체질적으로 싫어하는 중앙집권적인 운영형태는 등을 돌리는 데 결정적으로 작용한 것 같다.

　반면 교회는 모든 면에서 민주적이며 자율적이고 양대 기둥이 적절히 동역하고 선한 경계를 하면서 공동체를 움직여 나가는 모습이 좋았다. 어릴 때 다녔던 학교 분위기의 연장선이라 적응하기도 좋았고, 일단 나 자신을 감동시켰던 여러 사람이 같은 목적과 목표를 갖고 그 길을 가는 게 좋았다. 그런 긍정적인 내용으로 내가 선택(?)한 듯했던 외형적 교회생활도 진행 중에 차츰 눈에 보이는 것, 즉 아무리 인간적인 친분이 있더라도 영적인 분위기가 다르거나 나만의 영적인 문제로 교인 간의 반목과 분란, 갈라짐 등은 이 글을 쓰는 현재까지도 이해되지 못하는 부분이다. 그저 전문적으로 공부를 하지 못한 관계로 기술 내용에 따라 오해받을 소지도 있으나 그 이유를 현대 사회에서 교회가 갈라진 동기에서 약간의 힌트를 얻었으며 단편적이지만 다음과 같이 이해하고 있다.

　1800년대 후반, 서양 선교사들을 통해 본격적으로 국내에 전해진 천주교(이 글에선 천주교는 전혀 관심이 없으니 생략하기로 한다)와 개신교. 개신교, 즉 기독교의 뚜렷한 갈라짐은 해방 전후라고 보인다. 일제의 억압에서 벗어나면서 그 전엔 하나로 움직이며 부흥하던 교회는 일제의 우상에게 고개를 숙인 전과를 두고 서로 반목하게 된다. 그로 인해 가장 보수적인 흐름을 고수한 K가 갈라지고 이후에는 대형 신학교가 사정으로 하나가 되지 못해 갈라지면서 상대적으로 자유를 추구하는 또 다른 K도 다른 길을 찾는다.

　문제는 그 이후부터인 것 같다. 교회의 가장 대표 격이던 모 회가 어떤 단체의 가입을 두고 옳으니, 틀리니, 가입을 하자니, 안 하자니 하면서 각자의 길을 가면서 T와 H로 이름을 달리한다. T와 H의 문제는 보통 신앙인 입장에선 크게 구별하기 힘든 것 같다. 왜냐면 외형적 교회의 움직임이 거의 유사하기 때문이다. 굳이 그 차이를 간략하게 꼬집어 보면, T는 약간의 융통성과 화합, 포용 등이 드러나지만, H는 정통과 기본, 근본 등을 더 내세운다는 게 그 차이인 거 같다. 그 목표와 목적은 동일하되 가는 길은 약간의 차이가 있다고 보면 되니 보통 신앙인들이 자신의 형편대로 가까운 지역에서 신앙생활을 하면 된다고 보면 된다.

그러나 문제는 다음에 있다. 신앙의 출발선과 또 살아온 과정 중에 내게 밴 생각, 사상, 신념, 주의가 어우러져 나만의 확실한 뭔가가 이루어진다. 그래서 목회하는 분들이야 위에서 열거한 어떤 조직을 선택하여 그 길을 가는 것이니 무엇을 선택하든 옳고 그름은 우리 인간이 판단할 일은 아닌 것 같다. 하지만 일반 성도들은 신앙의 첫 출발점에선 무엇을 선택할 권리가 없고 솔직히 아는 게 없다. 우리가 선택한 거 같은 착각 속에서 출발한 하나님과 또 교회는 성경 말씀대로 하나님은 우리가 선택한 게 아니라 하나님의 선택으로 이루어진 만큼 현재 내가 섬기는 교회는 하나님이 인도하셨다는 말이 되는 것이다.

그 시작이 어찌 됐든 내가 선택한 신앙 및 교회생활은 나를 버리는 싸움에 들어선 것이다. 우리가 믿는 예수님을 통해 하나님 앞에 가는 싸움이라는 것이다. 이렇게 쉬운 결론과 목적을 앞에 두고 우리 인간은 어리석고 교만하여 나의 자아를 적용하며 그 생활을 하고 있다. 알면서도 행하지 못함은 목회자들도 일반 신앙인도 별로 차이가 없으니 그 안타까움이야 어찌할 수 있겠는가. 바로 그 어찌할 수 없는 게 하나의 교회가 두 개로, 세 개로 끝이 없이 갈라지고 있으니 참으로 슬프고 답답하다.

어느 날, 신앙 및 교회생활에 눈을 뜨면서 가장 먼저 알게 된 성경 구절이 있다. 히브리서 10장 24절로 25절 말씀, "서로 돌아보아 사랑과 선행을 격려하며 모이기를 폐하는 어떤 사람들의 습관과 같이 하지 말고 오직 권하여 그 날이 가까움을 볼수록 더욱 그리하자."와 요한복음 13장 34절 "새 계명을 너희에게 주노니 서로 사랑하라. 내가 너희를 서로 사랑한 것 같이 너희도 서로 사랑하라."이다. 이 두 가지 말씀만을 놓고 봐도 교회는 반목, 분란, 분리는 절대 하지 말아야 할 하나님의 명령이다. 그러므로 서두의 갈라지는 역사를 보면 뭔가 자신들만의 이익을 바탕에 깔았다는 것을 쉽게 끄집어낼 수 있다. 일개 초보 신앙인도 알 수 있는 주님의 말씀을 수십 년간 성경 공부를 했다는 목회자들도 그럴듯한 명분을 내세우고 자신의 자리와 이익을 탐내면서 순수한 성도들을 잘못된 길로 몰고 가는 것을 쉽게 목격하게 된다.

십일조 문제도 하나의 예가 된다. 기독교인들 사이에서는 가장 큰 숙제 중 하나인 십일조 문제는 결론부터 말하자면, 이 시대 목회자들조차 서로 해석과 의견을 달리하는, 그러니까 주님의 몸 된 교회를 자신들이 선택했던 노선과 입맛에 따라 갈라지게 하듯 목회자와 성도 사이를 알게 모르게 힘들게 하거나 성도와 성도 사이를 분란이 생기게 하는 그런 요소 중 하나인 것이다. 현시대에서 신앙생활하는 사람들 중에 그 문제 앞에서 자유로운 사람은 별로 없을 것이다. 다만 십일조를 온전히 바쳐야 하나님께 큰 복을 받는다고 교인들에게 그것을 하나님의 뜻이라고 설교하는 목회자는 그 말에 앞서 좀 더 자세하고 구체적인 내용을 성도들에게 이해시킬 필요가 있다. 왜냐면, 성도 각자의 신앙 수준(믿음)에 따라 일반 종교와 비슷한 기복주의 신앙관을 심는 위험한 내용이 포함되기 때문이다. 십일조의 당위성은 사실 성도에게는 왈가왈부할 사항이 아니고 당연히 해야 할 의무에 해당한다고 말할 수 있고, 어쩌면 그것이 대세인 한국 기독교는 그들이 그렇게 전달할 수밖에 없는 이유와 원인도 있을 것이다.

대부분의 기독교인들은 주님의 계획과 역사에 따라 이런저런 기회와 전도를 통해 첫걸음을 시작한다. 중간 글에서도 기술했다시피, 첫걸음을 옮기는 사람들은 내가 다니는 교회의 노회나 총회 등 상위 라인을 정확히 알지 못하며 다만 시간을 통해 신앙의 깊이가 커지면서 목회자와 교회의 분위기와 내가 알아가는 신앙의 느낌에 따라 소위 코드가 맞다, 맞지 않다를 스스로 터득한다. 성격이 조금 급한 사람들은 그런 목회자와 교회와 나의 느낀 점이 서로 다른 것에 대한 궁금증을 해소하기 위해 질문을 하기 시작하고 그 대답 여하에 따라 남은 생의 신앙의 길을 옮길 수 있다는 것을 예상할 수 있다. 그런 터득과 궁금증은 일에는 기본과 그 기본을 얻고 나서야 올바른 실천을 할 수 있다는 것을 담고 있다. 즉, 기본과 근본을 제대로 알지 못한 상태나 어쩌면 순종이라는 명목하에 막연히 되는 대로 가는 것은 어쩌면 다른 종교 생활이나 동호회나 동아리 등 인간의 모임 형태와 유사한 생활이 되는 것이다.

나는 평소 생각하는 교회와 성도 사이가 갈라지는 이유와 십일조

생활은 주님과 가까워지고 주님의 뜻을 알게 되면 그 은혜와 사랑에 감격하여 자동적으로 따르는 결과물이지 교회의 노선이나 목회자의 목회 철학 등을 담은 해석으로는 항상 문제의 소지가 있다는 것을 말하고 싶다.

교회의 발전과 부흥과 하나님 나라의 확장도 이런 분위기의 연장선이다. 성도들에게 가장 중요한 것은 주님이 나를 위해 십자가를 지신 것이나, 내게 주신 건강이나 물질 등 주님에 대한 사랑을 알고 감동하고 감화되어 그것을 주님의 몸 된 교회와 성도 간이나 믿지 않는 자들에게 그 사랑과 복음을 몸과 마음, 물질 등으로 전하면서 다음을 기약하는 것이지, 수많은 교회와 목회자들 스스로 다른 이해관계로 갈라져 있는 것을 맞추라고 하는 것은 앞뒤가 맞지 않는 것이다. 그런 맞지 않은 것이 나 자신에게 반복될 때 조금만 깊이 생각할 수 있는 사람은 교회 내에서 자신이 평소 다르게 생각한 것을 꺼내어 분란의 소지가 있다는 것을 고려하여 드러내 놓고 표현하지 않을 뿐 자신의 몸을 타 교회로 옮기는 방법을 선택한다. 교회생활 중 서로 다른 그 이유들이 기독교의 대표 격이던 모 회가 T와 H로 나뉘고 또 T와 H가 또 다른 갈래로 갈라지는 모양새인 것이다.

말이 나온 김에 T와 H 갈라진 이유나 원인을 더 보면, T와 H는 겉으로는 어떤 조직에 가입하느냐, 하지 않느냐로 보이지만 그들이 전적으로 믿는 성경의 가르침과 방향을 다르게 해석한 면도 있다. 이 또한 목회자 입장에서 일반 성도를 바라볼 때는 어쩌면 위험한 발상일지도 모르겠으나 상당 부분은 오랜 시간의 흐름 속에서 성경을 번역하고 대필하는 과정 속에서 구절의 문맥을 자신들의 성향에 따라 달리 해석한 결과로 보인다. 하나님의 율법을 거의 지키다시피 했던 과거 수 많은 선지자들조차 하나님이 보내신 예수님을 알아보지 못했고, 실제 자신들의 눈앞에 계신 예수님이 군병에 잡히시고, 십자가를 들고 힘 겹게 걸어가시고, 또 못 박히시는 동안에도 앞과 뒤에서 조롱하고 웅 성거렸던 것을 예를 들지 않더라도 우리가 함께 믿는 예수님을 두고 우리 성도 사이에는 해야 할 게 있고, 하지 말아야 할 게 있다는 것은 쉽게 개연할 수 있다.

율법적인 조항이 나오면 고개를 숙이는 내 모습은 현재 예수님을 믿는 모든 이들의 모습이다. 현재 내 신앙의 객관적인 모습이며 수준 이다. 그래서 모든 율법의 대부분을 지킬 수 없는 것을 너무나 잘 아 시는 하나님은 예수님을 보내시어 그 모든 것을 사해 주셨다. 우린 하 나님이 우리에게 주신 성령을 통해 말씀을 통해 차츰 성장하면서 성 령의 인도와 역사로 주님의 곁으로 가면서 육신이 살아있는 동안 그 사랑에 티끌만큼이나마 보답하기 위해 우린 십일조를 포함한 헌금 생 활을 하고 있고 교회 안에서 자신의 은사와 달란트를 통해 지체로서 의 역할을 하고 있다.

요즘 대중 매체에 쉬지 않고 나오는 한국 교회와 많은 목회자들의 문제는 자신들의 위세와 욕심 때문에 이런저런 일을 행해 놓고 순수 한 성도들에게 하나님 말씀을 내세워 고개를 숙이게 하는 데 과연 그 들은 하나님 앞에서 떳떳하게 고개를 들 수 있을까? 가진 게 없고, 못 배우고, 못났기에 교회에 나와 주님을 만나 말씀을 듣고 그 말씀의 힘 으로 이 하루를 이겨내고 그것을 달래고 세상에 나가 살려고 발버둥 치는 나약한 보통의 신앙인들에게도 표현은 숨기고 있으나 생각은 있을 것이다. 바로 그런 생각을 가진 자들이 그런 목회자들과 대립하는 게 싫어서 선진국에서는 무교회주의자들의 등장이 늘고 있는 게 현실인데 그들은 그 뒷감당을 어찌하려는 지 염려가 생기는 건 사실이다.

나는 정치 성향뿐만 아니라 신앙생활도 약간의 중도 성향을 가지고 있다. 교회 내에서의 수직적인 관계는 주님과 나 사이일 뿐 성도 간의 관계는 수평적이어야 한다는 일관성을 가지고 있다. 목사와 장로, 권사와 안수집사 등 교회의 직분은 우리들 간에 교회 안에서 질서를 갖자는 의미이지, 명령하고 정죄하는 관계가 아니라는 것이다.

이 글의 서두에서 잠깐 언급했던 나의 장단점은 저 사람에게는 뒤바뀐 장단점이 되어서 서로가 서로의 장점을 나누고 서로의 단점을 채우며 함께 교회가 발전하고 주님의 나라가 확장되는데 써야 마땅한 것이지, 자신의 단점을 인정하지 않고 일부 교인들이 교회의 직분을 이용하여 교묘하게 포장하는 방법은 스스로 기도하고 반성해야 할 점이라고 본다.

나는 나 스스로 생각해도 오만과 교만에 쌓여 있지만, 객관적이고 타당성 있는 진리 앞에선 고개를 숙이고 인정하는 점은 탁월하다. 타인과 어떠한 주제로 대화를 나누고 그 나눈 것을 연구하고 묵상하여 인정할 수 있는 논리가 정립되면 행하려고 노력한다는 것을 의미한다. 다만, 스스로 인정되지 않을 때는 그 옳고 그름을 떠나 행함이 없다. 나는 나를 구원하신 예수님을 나의 구주요 구원자로 인정했기에 믿음 생활을 하고 있지만, 인간의 가르침에는 아직까지 절대적인 순종을 하지 않는다. 즉, 각양각색의 인간의 가르침보단 해당 인간의 가르침과 내 마음의 감동 감화가 일치하여 어우러질 때만이 그 움직임이 드러난다는 말이 된다. 그것이 내 안의 성령이 주님의 계획하심에 따라 역사하는 것으로 믿는다.

나는 그 답을 부활하신 예수님을 눈앞에 두고도 의심하여 손가락으로 찔러 보고 그때서야 제대로 믿고 죽음으로 주님의 사명을 감당한 도마에서 찾는다. 주님을 똑같이 믿지만 다르게 움직이는 제자들의 유형은 현대 사회에서 성도들도 그럴 수 있다고 인정해야 한다는 것을 말한다.

예수님이 각양각색의 12제자를 각각의 각도에서 사랑하셨듯이 현대 사회에서 예수님을 사모하는 모든 성도에게도 각자가 가진 방식대로 오는 것을 기다리고 계신다고 확신한다. 비록 성도로서 잘못된 언행을 일삼고 부족하더라도 끝까지 기다려 주시는 그런 주님의 마음만 있다면 현재 끝없이 갈라지고 있는 교회와 성급한 목회자들은 줄어들 것이다.

보통 사람들 이야기

연말연시 피곤했다. 아니, 피로했다는 말이 더 정확할 것 같다. 하는 일이 분주한 이유도 있었지만, 사람들과 대화를 나누던 중에 각자의 문제(?)로 어떨 때는 온종일 수다를 떠느라 일을 제대로 하지 못해 당혹할 때도 있었고 힘을 잃은 혀가 흐느적거릴 때도 많았다.

그중에 특히 기억나는 몇 가지를 얘기해 보겠다.

젊은 나이에는 기술이 있어서 열심히 일하다 보니 수입이 보통 사람보다 좋았다고 말하던 어떤 사람은 그 좋은 일이 내일도 계속될 거라는 생각으로 수입의 대부분을 거의 술과 담배 등으로 흥청망청 쓰다가 어느 날, 갑상선이라는 병을 진단받았고, 지금도 약이 없으면 숨쉬기조차 힘들다고 했다. 현재는 육신이 전보다 더 쇠약해져서 전에는 자신 있게 하던 일을 제대로 하지 못해 회사에서도 쓸모없는 사람으로 여겨져 여러 번 밀려났고 나이가 마흔이 훌쩍 넘었음에도 결혼은 커녕 홀로 한 평도 채 되지 않는 고시원에서 근근이 생활해 나간다고 했다.

역술에 관심이 있는 어떤 사람은 얼굴을 보고 그 사람을 평가한다. 이 사람은 사람을 볼 때마다 "집안에 또는 내 안에 귀신이 있어서 하는 일마다 되지 않을 것이고 어떠한 문제가 있으니 그것을 풀지 않으면 삶이 그렇고 그럴 것이다." 등 소위 점쟁이 같은 말을 하면서 자신

주위에 있는 사람들에게 불안과 무서운 이야기로 공포스러운 분위기를 조성한다. 물론 스스로에게도 아직 때가 아니어서 내 삶이 지금 이렇다 하면서 현재 자신의 삶의 곤고함을 합리화시켰다.

어떤 사람은 믿었던 사람들에게 이런저런 사기를 당해 빚쟁이가 되어, 그 빚을 갚고 인생을 다시 찬란하게 하려면 밤을 새워 일해야 한다고 하면서 낮에 일하고, 밤에도 대리운전을 한다. 열심히 사는 그 사람의 삶의 지침에서 오는 어두운 눈동자와 누렇게 뜬 얼굴, 거칠어진 피부는 가엾게 여겨질 정도다. 열심히 사는 것과 옳게 사는 것에 대한 차이 그리고 영적인 문제와 비밀 등 나의 짧은 소견을 들은 후 홀로 보이지 않는 곳에서 한없이 울었다고 지인을 통해 얘기를 들었다.

사업이 부도가 나서 본의 아니게 도망자(?) 신세로 전락한 어떤 사람은 소위 유명 대학교를 졸업한 지식인이다. 그러나 자신만의 삶의 굴레에서 자유롭지 못하면서도 남들 앞에선 자신의 말이 옳다는 것을 유감없이 펼치지만 정작 자신의 문제에선 해답을 찾지 못해 때로는 자문을 구하는 척하면서 자신의 오만으로 그것을 받아들이지 못하고 다시 제자리로 돌아가 담배를 무는 모습은 내 마음을 찡하게 한다.

위 사람들에게서 공통점을 찾아보면 대체로 남보다 갖지 못한 것에 있다. 인간의 행복을 저울질하는 데 있어서 크게 작용하는 물질(돈)은 세속적인 사람들이나 나를 포함한 신앙생활을 하는 사람들이나 어쩌면 비슷할 것이다. 하지만 후자의 사람들은 그것을 인정하고 잘 알면서도 인간은 돈으로만 사는 존재가 아니라는 것을 알게 된 사람들이므로 설령 비슷한 조건의 경제적인 궁핍이 있더라도 전자의 사람들보다는 자유로움이 있다. 여기서 자유로움이란, 어느 순간 깨달음을 가진 것을 의미한다. 또한 깨달음이란, 내가 살면서 인간은 아무리 열심히 살아도 내 뜻대로 되지 않는 게 분명히 발생한다는 것을 알게 되는 것이고, 그 한계를 느끼면서 육신의 성장과 더불어 여러 단계, 즉 수학, 과학, 철학, 종교적 사고를 차츰 거치면서 영적인 비밀과 문제에 대해 스스로 문답을 하게 되고 신앙의 선배나 영적인 능력이 탁월한 사람들을 통해 내게 영적인 문제로 인해 나의 인생의 흐름이 정상에서 벗어나고 있다는 것을 알게 된다는 의미다.

위의 사람들은 자신의 무능력이나 세상 탓에 앞서 영적인 문제에서 오는 자신들의 문제를 아직 알지 못한다는 말이 된다. 조금만 문장을 이해하는 사람들이라면, 나의 영적인 문제를 알고 그 비밀을 깨달으면 현재 나의 삶이 꼬여 있다거나 또는 묶여 있는 것이나 막혀 있는 것이 풀린다는 결론을 쉽게 짐작할 수 있다.

지난날, 내가 열심히 노력했어도 남보다 가진 게 없고 높은 자리로 올라서지 못했다면 우린 성공하지 못했다고 말할 수 있지만, 그것은 지금 현재의 기준이다. 내일은 나의 자리와 나보다 앞서 있던 사람의 자리는 바뀔 수 있다. 왜냐면, 내일은 인간이 알 수 없는 시간이다. 한 치 앞을 알지 못하는 인간은 오늘을 잘 준비하면 내일은 태양처럼 될 수 있다고 말한다. 내가 S대에 수석 입학했다 한들, 미국의 최고 명문대를 졸업했다 한들 그것은 입학을 하거나 졸업한 뒤의 일이지 지금 왈가왈부할 수 없는 부분이다. 세상의 시각으로는 오늘 준비를 잘해야 내일이 있다고 말하는 게 당연시 말하는 바지만 현재를 내일을 위한 준비로만 생각한다면 성공(?)은 결코 장담할 수 없다.

위의 사람들처럼 선대로부터 이어져 내려온 우리의 문제를 내 능력으로 풀려고 노력하는 한, 윗사람들은 현재의 형편에서 결단코 벗어날 수 없다. 그들은 이미 내 운명은 이런 것이야 하면서 포기한 상태로 젖어있기 때문이다. 우리가 말하는 운명은 실제로 나와는 전혀 상관없는 상태에서 이루어진 것이다. 어느 누가 재벌가의 장남으로, 외동딸로 태어나기를 바라지 방 한 칸 없는 거지꼴의 부모에게서 태어나기를 원하겠는가. 그것이 나의 운명이다. 나의 운명은 이미 어떠한 계획에 의해 순서를 밟고 있는 것이다.

여기서 말하는 계획과 순서가 영적인 비밀이고, 그 안에 문제가 함께 한다고 봐도 무방할 것이다. 해결책을 먼저 말하자면, 아니 해결에 앞서 기본적인 내용을 이해해야 그 해결책이 마음에 새겨질 거라고 본다.

'하나님은 하나님의 형상대로 인간을 창조하셨다.'는 것은 어쩌면 복사나 복제의 의미다. 하나님에게서 복사된 대로 산다는 것은 그 영광과 함께 무한한 능력을 가진 것이므로 인간에게 근심이나 절망 등은 절대 있을 수 없다는 말이다. 허나 하나님을 대적했던 천사가 사탄과 마귀로 둔갑하여 세상에 내려와 뱀을 통해 인간에게 죄를 짓게 함으로써 인간의 길은 망망 대로에서 울퉁불퉁 꼬불꼬불 길로 들어선다. 하나님의 자식에서 사탄의 지배를 받는 어둠의 자식으로 내 형상이 바뀐 것이다. 사탄은 인간보다 월등한 능력을 가진 영적인 존재다. 인간은 그 존재를 이길 수 없다. 바로 여기에서 인간 각자는 영적인 문제와 비밀을 갖게 된다. 아담을 통해 진행된 인간의 역사는 여러 과정을 거치며 현재까지 이르게 된다. 그 과정 중에 나의 선대는 사탄의 지배에서 자유롭지 못했고 나 또한 그런 선대의 영향으로 현재의 위치에 서 있는 것이다.

다행히 서두에서 말했던, 자유로움이나 깨달음을 가진 선대를 가졌던 사람들의 후손은 그 영향으로 많은 비밀과 문제를 알고 풀어가면서 웃는 얼굴로 오늘을 살고 있지만, 위에서 열거했던 사람들은 불행하게도 그 갇힌 범주에서 벗어나지 못하고 있다는 것을 말하는 것이다.

사탄은 하나님을 대적한 존재이므로 하나님과 인간 사이에서의 교제나 교류를 방해한다. 열거했던 사람들이 자신의 자아를 깨뜨리고 전능하신 사랑의 하나님을 인정하면 어둠에서 벗어나 밝음을 찾을 수 있는데 그들의 생각엔 오직 사탄의 계략으로 인해 그들만의 합당한 논리로 가득 채워져 있다.

사탄의 논리는 간단하다. "내가 열심히 공부해서 일류 대학에 들어가고 대기업에 취직하거나 각종 최고의 직업군을 형성하면 성공한 것이므로 그것은 내 능력이고, 내 잘남이다."란 생각을 가지게 하는 것과 못난 부모를 맞나 남들처럼 공부를 못해 이 모양 이 꼴로 살고 그 원인을 세상과 남의 탓으로 들이대며 복수하고자 이빨을 갈며 살고 있는 삶 등이 그것이다. 내가 남보다 열심히 했기에 이루었다고 큰소리치는 잘난 인간이나 하루 한 끼조차 제대로 못 먹고 사는 나 같은 사람에게 한없는 사랑을 준다고 말하는 그 하나님이 어디에 있냐, 하며 하나님의 존재를 없다거나 하찮게 여기는 것이 그 논리다.

에크하르트 톨레가 쓴 『지금 이 순간을 살아라』의 내용 중에는 인간이 불행해지는 방법이 두 가지가 나오는데, '원하는 것을 갖지 못하는 것과 원하는 것을 모두 갖는 것' 이것은 잘남과 못남에서 오는 소유에 대한 경계를 말하고 있다. 잘나가고 있을 때는 끝이 없는 욕구와 욕망으로, 무너지고 있을 때는 처절한 낙담과 절망으로 우리는 상극을 가게 되는데 작가는 둘 모두를 불행해지는 것이라고 말하고 있다. 아마도 작가는 글 속에 다음과 같은 내용을 내포한 듯하다. 즉 인간은 자신의 처한 상태를 긍정으로 바라볼 필요가 있으며 상대적인 우열로 인해 자신을 괴롭히는 것은 가장 어리석다는 것을 말하고 있다.

글 서두에서도 말했다시피, 한 치 앞을 알지 못하는 우리 인간이 지금 이 순간 엄청난 부귀와 명예와 권력을 가졌다 한들 내일을 장담할 수 없으며, 오늘 이 순간 단돈 몇만 원이 없어서 수많은 창피와 모욕 속에서 힘들어하는 자도 내일은 몇십억짜리 복권에 당첨될 수 있다는 것이다. 다만 작가는 오늘 이 순간, 내 삶의 기준을 어디에 두느냐는 아주 중요하고 내가 어디서 무엇을 하든 하나님 앞에 나가는 것을 방해하는 사탄과 마귀의 헤아릴 수조차 없는 가지각색의 수많은 계략 속에 빠지지 말고 인간을 창조하신 하나님에게 모든 기준을 두기를 바라는 글로 이어졌다.

그렇다. 하나님의 계획과 섭리는 잘난 사람도 못난 사람도 모두에게 해당된다. 사탄과 마귀의 간교한 계략으로 인해 서로의 입장이 바뀌고 또 바뀌는 반복 속에 이런저런 영적인 파괴에서 따라오는 정신과 육신의 질병으로 힘들어하는 것보다 인간의 죄를 대신하여 십자가에 돌아가신 예수님만이 그것을 해결할 수 있다는 것을 먼저 알아야 한다는 것이다.

서두에 열거했던 그들에게 오늘 식사 한 끼를 대접하거나 작은 물질로 여기서 당장 도망자 신세를 면하게 해 준 다해도 그것은 미봉책에 불과한 것이다. 나는 그들을 볼 때마다 하나님의 진리를 먼저 깨달아 가고 있는 수많은 사람 중 한 사람으로서 내가 아는 것으로 그 문제와 비밀을 두서없이 내뱉었다. 나의 말을 듣고 그들 중에 일부는 한순간 감동으로 나의 손에 이끌려 교회 성전 뒤편에 앉아 있었던 사람도 실제 있었다.

물론 이제야 참 진리를 앞에 두고 첫발을 내딛는 나 같은 사람은 하나님께서 그들을 향한 계획은 전혀 알 수 없다. 허나 그들에게 하나님의 계획과 역사가 당신들에게도 분명히 있다는 것을 알게 하여 주고 현재의 삶이 비록 남들처럼 형통하지 못해 곤고한 삶 속에서 허덕이고 있다 하더라도 곧 주님이 당신들을 선택할 것이고, 앞으로의 길도 안내해 줄 것이다.

솔직히 그들과 대화를 나누다 보면 나 또한 정신적으로 피로해진다. 나 자신의 삶도 그들과 특별히 다를 게 없는 백지 한 장 차이이기 때문이다. 일하는 시간을 통해 교제하므로 그에 따른 경제적인 문제가 생기고 그 외의 모든 내 삶조차 제대로 행하지 못하면서 그들에게 잘하라고 설명하는 것 또한 앞뒤가 맞지 않는다. 다만 그런 회의가 몰려오는 중에도 그들 앞에서 당당히 얘기하는 순간만큼은 '모든 것을 잊는다"는 것을 경험한다. 아마도 반복해서 전하는 그 찰나와 순간이 누적되면서 아주 조금씩 나의 신앙이 발전하는 게 아닌가를 믿고 있다는 말이다.

나는 아직도 내 자아와 형편대로 살며 자신도 알지 못하는 교만과 오만 속에서 허우적거리며 사는 미지의 사람들이 평범한 사람이 주저리주저리 쓴 이 글을 통해 '정말 그럴까…'라는 작은 의문점만 갖게 된다면 나는 성공이라고 생각하며 아래와 같이 이 글을 마무리하려 한다.

인간은 하나님의 형상대로 창조되었고 하나님이 주신 은사와 달란트를 통해 사는 동안 하나님께 영광 돌리는 삶을 사는 게 기본이다. 사탄과 마귀를 통해 그 기본이 깨지면서 인간은 죄악에 빠지게 되었고 인간은 그들의 공작에 의해 하나님께 다가가는 것이 원천적으로 봉쇄된다. 우리를 멸하실 수 있었지만 무한한 사랑을 가지신 하나님은 독생자 예수를 통해 그 길을 열어 주시고 그 길을 통해 우린 새 생명을 갖게 된다.

서두에 나열되었던 사람들은 아직 이것을 부정하는 사람들이다. 물론 현재의 삶이 만사형통인 자들 중에서도 하나님을 뒤로하는 이들은 여전히 남아 있다. 지금 현재의 삶이 곤두박질친 인생이든, 하늘 높은 줄 모르고 올라가는 사람들이든 믿지 않는 자들은 꼭 알아야 할 게 있다.

인간은 사탄과 마귀의 영적인 능력에 절대 이기지 못한다. 절대 이기지 못하는 그들의 힘과 계략에 매달려서 단 한 번뿐인 나의 생이 잘 나간다 한들, 힘들다 한들 현재 입장과 상관없이 예수님을 믿어야 한다는 말이다. 세상을 창조하시고 우리를 위해 돌아가신 예수님을 믿고 알아가는 것만이 우리네 삶이 지금과 확연히 달라질 것이다. 그것이 인간이 사는 목적이고 길이며 행복일 거라고 믿어야 한다.

오늘도 자신의 처소에서 자신의 삶을 잘못된 색으로 칠하고 있는 그들을 생각하면 마음이 불편하고 피로하지만 그들에게 전하고픈 간절했던 그 마음이 어쩌면 쌓였던 피로를 날려 준다.

공을 좋아하게 된 이유

가을바람이 살살 부는 주일 오후,

몇몇 집사님과 청년들과 네트를 사이에 두고 서로 공을 상대의 빈 공간에 차 넣기 위해 땀을 흘린다. 한참을 이리저리 움직이다가 지쳐서 물도 마실 겸 돗자리에 털썩 주저앉았다. 가을을 유난히 좋아하는 스타일이라 그런지 엉덩이가 돗자리에 붙어 떨어지지 않았다. 오늘따라 공을 쫓던 내가 유난히 처진다. 아마도 며칠 전 산행을 했던 후유증이 깔끔하게 날아가지 않아선지 일찍 지침을 느끼는 게 아닌가 하는 생각이 들었다.

참으로 알 수 없는 것은, 운동과 거리가 멀었던 나 자신이 언제부턴가 공과 친해진 것이다. 나는 가끔 집사님들과의 사적인 자리에서 '내가 공을 좋아하게 된 이유'를 침을 튀기면서 설명을 한다. 나는 동적인 면이 천성적으로 약하다는 것을 너무나 잘 안다. 가끔은 내가 좋아하는 것만 하고플 때가 있어서 이런저런 핑계로 빠지고 싶을 때도 있었지만, 저기서 웃음과 고함으로 손짓 발짓하는 집사님들과 청년들 간혹 학생들을 보면 이내 그런 마음은 사라진다. 아무튼 가을은 역시 나를 가만두지 않았다. 사색과 대화를 즐기는 나는 쉼을 핑계로 내가 공을 좋아하게 된 그 초심을 되돌아보았다.

나는 하나님을 믿는 마음, 그 중심은 어느 누구에게도 지지 않을 자신은 있지만, 그 하나님을 깊게 알겠다는 실천엔 아주 인색했다. 며칠 전 산행길에 모 집사님이 "혹시 집사님은 목회에 관심 가진 적 있습니까?"라고 물은 적이 있었다. 나는 그 말씀에 소리 없는 미소로 넘겨 버렸다. 내 생각이 맞는지, 틀린지는 모르겠지만, 어찌 그런 귀한 하나님의 일을 내가 하고 싶다고 하고, 안 하고 싶다고 안 하고를 결정할 수 있겠는가.

이제 와서 생각하면 신학에 전혀 관심이 없었던 것은 아니었지만 '목회자의 삶에 대해 자신이 없다.'가 '그래서 그 길은 1%도 염두에 두지 않았다.'가 솔직한 답변일 것이다.

나는 그 집사님의 질문에 뜸을 들인 후에 "네에, 전혀 관심을 갖지 않았습니다."라고 대답했고 그 집사님은 지나가는 말로 '어울릴 거 같다.'는 취지의 말을 하셨다. 나는 웃으면서 "사실 저는 신학보단 정치나 사회에 더 많은 관심이 있습니다. 허나 중단한 공부나 졸업장이 없다는 이유로 그 또한 포기했습니다. 참으로 약하고 비겁한 사람이지요."

나는 그 집사님과 또 다른 이야기에서 이런 말을 한 적도 있다.
"누구나 그렇겠지만, 저 또한 지는 것을 무척 싫어합니다. 정치든, 사회든, 문학이든, 사회적 현상이든 누구와도 주제를 놓고 이야기를 시작하면 지지 않으려고 노력하는 편입니다. 허나 딱 한 가지만은 대화를 안 하려고 하는 게 있습니다. 그것은 성경 관련입니다. 좀 다른 이야기지만 제가 아직도 죄책감을 가지고 사는 게 하나 있는 데 그것은 군 생활 시 다른 부대에 지는 게 싫어서 하급 병을 훈련시키다가 병사 중 한 명을 절름발이로 만든 적이 있었습니다. 그 병사를 생각할 때마다 얼마나 후회되고 가슴 아픈지 몰라요. 근데 요즘은 축구든, 족구든 맨날 져요. 그런데도 화가 나지 않아요."

나는 그 이유를 하나님 말씀을 알아가면서 세상에서 이기려 하는 것에 대한 진정한 앎을 알게 된 것이라고 속으로 말했다. 나는 동아리 모임을 통해 바로 저 앞에서 공을 차는 분들을 통해 변화를 가진 것이다. 하지만 언제부턴가 모임에 약간의 회의감이 지금 부는 가을 바람에 섞여 가슴을 혼란하게 하는 느낌을 받고 있다. 하나님을 믿고 따르는 것은 다 같지만, 그 길은 조금씩 다를 수 있음을 나는 이미 인정하고 알 것도 같은데 지금 부는 바람에 섞인 의미는 무엇인지 그 혼란함을 벗지 못하고 있다. 아마도 나 자신의 명예나 승리에 대한 욕심이 있었다면 나는 또 다른 절름발이 한 명을 만들지도 모른다. 아마도 개중에는 나란 사람이 그런 욕심으로 지금 행함을 가지고 있다고 오해를 하고 있는지도 모르겠다.

내 나이 이미 사십이 넘었고, 하나님을 안 것은 초등 시절이고 기독교 학교를 다니면서 성경을 알게 되었고, 군 생활을 통해 세례를 받고 친구를 통해 성경을 선물 받으면서 하나님께 다가갔다가 청년 시절 세상에서 방황하다 지금의 교회를 섬기게 되었다. 나름대로 핑곗거리가 있어 섬기는 교회를 형식적으로 왔다 갔다 하면서 이 나이가 되었지만, 요즘은 공을 차면서도 산을 다니면서도 왜 그리 가슴이 답답한 마음인지 내가 나를 생각해도 알 수가 없다.

내가 공을 좋아하게 된 이유는, 함께 신앙생활을 하는 사람들과 호흡을 나누기 위함이다. 그 호흡을 통해 나의 신앙과 상대의 신앙을 함께 발전시켜 우리 주님께 좀 더 가까이 갈 수 있기를 소망하기 때문이다. 하나님은 공 하나를 통해 우리의 그런 행위를 통해 더 많은 믿지 않는 자들이 자신에게로 돌아오게 하는 계획을 가졌을 것이다. 나는 그렇게 확신하고 있다. 세상 모든 면에서 나 자신의 생각을 담아 기획하고 나아갈 수 있지만, 신앙생활만은 나 혼자의 힘으로 할 수 없다고 확신하고 있기에 나는 오늘도 공을 쫓아다니고 있는 것이다.

2부

세상
그리고
하늘

우리가 그 비밀을 알지 못하는 한

결코 우리 생활은 어제와 같은 오늘이나

오늘 같은 내일은 계속될 것입니다.

어느 모래 이야기

저는 잘게 부스러진 돌의 부스러기입니다. 남들은 저를 모래라고 부릅니다. 저는 큰 돌, 즉 아버지와 어머니의 사랑으로 태어나서 그들의 보살핌으로 이 세상에 나왔습니다. 저는 좋은 부모 밑에서 태어났기에 이 세상에서 제가 가장 멋지고 잘났고 귀하다고 스스로 생각하고 있습니다. 어떤 이들은 그런 저에게 교만의 극치라는 말을 하지만 저는 그 말엔 절대 동의하지 않습니다.

왜냐고요? 그걸 제가 구태여 말을 해야 압니까? 이 세상에서 나 자신보다 더 귀한 것이 있다고 말을 하는 것, 저는 절대 솔직하지 못한 말이라고 생각합니다. 거듭 말하지만 이 세상에서 저보다 더 귀한 모래는 없습니다.

저는 좋은 부모에게서 떨어져 나와 더 큰 세계로 나왔습니다. 그런데 세상엔 저 같은 모래가 수를 헤아릴 수 없을 만큼 많았습니다. 놀라움에 정신을 차릴 수 없었지만 저 자신이 가장 중요하다는 그 일념만큼은 흔들리지 않았습니다.

그러던 어느 날, 저를 포함 몇몇 모래가 모여 어떻게 하면 모래들이 지금의 모래밭에서 더러운 흙들을 걸러내고 또 무찔러서 온전한 모래 세상으로 만들까를 놓고 토론을 벌였습니다.

가 모래: 나는 이 모래사장에서 가장 잘생긴 존재다. 고로 내가 중심이 되어 이 밭을 움직여야 한다.

나 모래: 나는 이 모래밭에서 가장 많이 배운 모래다. 고로 아는 지식이 풍부한 내가 앞장서야 한다.

다 모래: 나는 이 모래벌판에서 가장 돈이 많은 모래다. 돈은 역시 힘이다. 고로 내가 중심에 있어야 한다.

기타 등등…

한참 후 제가 말할 차례가 되었지만 저는 머뭇거리고 말았습니다. 이 세상에서 저 자신이 가장 잘났다고 생각했었지만 그들 앞에선 내세울 게 없었기 때문입니다.

한숨을 쉬다가 저는 이렇게 말을 했습니다.

"나는 너희처럼 뛰어난 외모도 다양한 스펙도 통장에 쌓아둔 큰 물질도 없어. 그럼 어찌해야 하는 거니?"

갑자기 대화를 하던 방이 조용해졌습니다.

그리고 잠시 후 우리는 어떤 삽에 의해 퍼져서 시멘트와 혼합되기 시작했습니다. 서로 자기 이야기만을 고집하다가, 흙을 걸러내기도 전에 말입니다.

인간의 눈에 보여지는 하찮은 모래들조차 자신들만의 내세움은 있습니다. 하지만 우리는 그 내세움이 얼마나 무의미한지 금방 알 수 있었습니다. 인간 세계도 모래 세상과 하등 다를 게 없습니다. 가끔 인간들 중에는 가, 나, 다 모래처럼 자신을 표하기 위해 강한 메시지를 전달하는 이도 있었으나 자신이 최고라고 자부했던 이 글의 주인공 모래가 그들 앞에서 할 말을 잃은 이유가 무엇이라고 생각하십니까?

그렇습니다. 나 자신에게만큼은 내가 최고라고 인정할 필요는 당연히 있습니다. 그 어떤 것과도 비교할 수 없는 나 자신에 대한 존귀함 말입니다. 그러나 넓은 세상에 나오면 그런 내가 얼마나 가냘픈 존재인지 드러납니다. 그리고 잘났든, 못났든지 간에 삽에 의해 퍼진 모래처럼 우리의 생도 언제 다할지 모릅니다.

핑크빛 맘

지금처럼 비가 억수로 내리면
좋아하는 사람과 커피 한 잔 앞에 두고
얘기하는 게 좋습니다.

눈앞에 바다가 있거나
등 뒤에 숲이 있으면 더욱 좋지만
그저 비만 있어도 만족합니다.

봄에는 여기저기서 웃고 있는
이름 모를 꽃들을
여름은 뜨거운 태양과 철썩이는 파도를
가을에는 시원한 바람과 바람에 나부끼는 낙엽을
겨울에는 눈꽃송이와 깊은 밤을

이런 자연을 내게 준 창조주 하나님께 감사합니다.
또 하나 감사한 것은 자연을 앞에 두고
동시대 인연과 사랑의 대화를 나누는 것은
말로 표현치 못할 큰 감사 거리입니다.

오늘 같은 날은
비가 삶을 불편하게 한다는 부정의 맘보단
사랑하는 사람과 잠시나마 함께할 수 있다는
그런 핑크빛 맘을 가져보렵니다.

당신을 사랑합니다

매일 이 시간이면
종이컵에 커피를 털고 뜨거운 물을 붓습니다.
다음에는 컴퓨터를 켜고 가장 먼저 메일함을 엽니다.

오우!
야릇한 스팸 문구?
여기저기 거래처에서 발주 또는 항의 등
암튼 거의 이십여 개 정도의 메일이
지우고 또 지워도
항상 보관함을 채우고 있습니다.

근데 요즘 가장 기다리는 메일이 하나 있습니다.
○○이란 제목의 메일입니다.

그것은 제 ○○에 올린 이런저런 글에
미지의 분들이 관심을 보여주는 직접적인 언행으로
볼 수 있기 때문입니다.

독일의 작가 한스 카로사(Hans Carossa, 1878~1956)는
'人生은 만남이다.'라는 짧은 철학적 문장으로
깊은 생각을 하게끔 합니다.

저는 이 문장을 무척 좋아합니다.
바로 글을 올리고 댓글을 다는 그 실천하는 맘이
그것을 말한다고 생각하기 때문입니다.

저는 저의 수준 낮은 글에 미지의 사람들이
짧지만 정성스럽게 남긴 댓글에 관심이 많습니다.
그것은 제가 좋아하는 위 문장을 실천하는 데 있어
그 상대가 되는 분들의 존귀한 마음을 알기 때문이죠.

거듭, 저의 부족한 글에
사랑의 맘으로 세상을 빛내주시는 여러분에게
지금 마시는 커피를
나누어 마시고자 합니다.

오늘도 여러분 각자의 生에, 멋진 역사를
기록하고 남기시길 진심으로 기도합니다.

이 넓은 세상에서 당신을 이런저런 모양으로 만난 건
우연이 아닐 것입니다.
그래서 당신을 사랑합니다.

'당신을 이런저런 모양으로 만난 건 우연이 아닐 것입니다.'

감사해야 할 순간

모닝커피를 들고
○○을 방문하는 것은
제 하루 일과를 시작하는 알람과 같습니다.

몇 개의 관심 ○○을 방문해서
상대의 현재의 삶을 살짝 살펴보고
짧은 댓글을 다는 것은
오늘 제가 살아있다는 것을
상대에게 알리고 서로의 삶을
체크해 보는 시간이기도 합니다.

참으로 많은 사람들이
○○을 통해 저처럼
자신이 살아있다는 것을
이런저런 표현으로
알리는 것을 보고 읽으면서
'사람은 이렇게 사는 것이구나!'를
알게 됩니다.

'사랑'의 어원이 '사람'에서 나온 것처럼
사람은 사랑 없이 살 수 없습니다.

바로 이런저런 표현이
세상 사람들과 사랑을 나누는
교제의 시간인 것입니다.

다만, 소수의 사람들에게
약간의 아쉬움이 드는 것은
자신의 현재에 감사하고
지금 내가 가진 것에 감사하는
그런 생각과 가짐이 더 필요하다는 것입니다.

지금 이 글을 우연이든 필연이든
보고 읽고 계시는 것도
당신에게 지금 이 시각은
가장 감사해야 할 순간인 것입니다.

'사랑의 어원이 사람에서 나온 것처럼
사람은 사랑 없이 살 순 없습니다.'

지금처럼

제 뜻대로 형편대로 살다가
어떤 알 수 없는 힘에 의해
그 중심이 움직여지기 시작했습니다.

우리네 표현대로 하자면,
하나님의 계획하심과 역사로
주님에게 삶의 중심을 두려고
움직이기 시작했다는 말입니다.

주님의 더 많이 알기 위해
신앙생활을 배우기 위해
주위의 신앙의 선후배들에게
그들의 언어를 존중하면서
그들의 움직임을 하나씩 따라 해봤습니다.

그들은 주님을 알기 위해선
나 자신의 중심을 뒤로해야 한다는 요지로
저를 가르친 듯했습니다.
그들의 말에 따라
제 중심을 욕을 먹어가며 뒤로
해보기도 했습니다.

하지만 돌이켜 보니
그들은 제게 멋들어진
말만 그럴듯하게 포장해서 했을 뿐
정작 중요할 때는
그림자조차 보이지 않았습니다.

커피 한 잔 들고 눈을 감습니다.
폭염 속에도 겨울로 치닫는 이 마음을 가지고
예전의 제자리로 다시 돌아갈까
고민합니다.

그렇습니다.
예전의 제 모습으로 돌아가는 것은
아주 쉽습니다.
주님의 노하심이 두려운 건 사실이지만
그들이나 저나 변덕 있는 인간의 하나에 불과한데
저라고 그들과 뭔 차이가 있겠습니까.

제가 그들에게,
그들의 그림자가 보이거나 또 보이지 않는다 해서
제어할 수 있는 힘과 자격이 있겠습니까.

아, 아닙니다.
제가 그들을 바라보았듯
지금의 저를 바라보는

또 다른 제가 저기 보입니다.
또 다른 저를 위해서라도
이제 겨우 주님 앞에 몇 걸음 다가간 것 가지고
여기서 제 얼굴을 예전의 모습으로
바꿀 수 없습니다.

지금처럼, 커피 한 잔 마실 수 있는 시간과
스피커를 통해 흘러나오는 저 찬양소리가 있는 한
결코 그 모습으로 돌아가긴 싫습니다.

'예전의 모습으로
결코 그 모습으로 돌아가긴 싫습니다.'

저라면 어찌하시렵니까

세상 속에서 자기 멋대로 살던 사람이
세상의 온갖 공작으로 방황하다가
어느 날, 어떤 계기를 통해서
예수님을 만납니다.

예수님을 만나고 난 후
가장 힘든 것은 나를 내려놓는 것
즉, '낮아지려는 마음'을 갖는 것이었습니다.

세상을 살면서 내 것을 가지기 위해
무던히 애써서 이루었던 모든 것이
다른 사람에 비해선 보잘거없는 것들이지만
그래도 내놓을 때는
너무나 아까워서 뒤에 감추어 둘 때가 많았습니다.

두 다리가 양쪽에 걸친 동안
하나님 말씀을 통해
또 함께하는 성도들의 간증이나 기도 등을 통해
나를 내려놓는 속도가 차츰 빨라지는 것을
알게 됩니다.

물론 아직까지 내가 가진 모든 것을
내놓았다는 말은 아닙니다.
그 말은 아직 주님의 모습과 가까워지기 위해선
더 많은 시간이 필요하고
더 많이 하나님 말씀을 알아야 한다는
결론에 도달하지요.

이런 공간에 올리는 나의 생각과 글은
완벽해서 올리는 것이 아니라
완벽에 가까워지려고 노력하는 중에 탄생하는
잡문(雜文)입니다.

나만의 생각과 마음으로 휘갈긴
지금의 모든 글들은, 이 글을 읽는 여러분이 보기엔
쓰레기통에 버려지는 휴지에 비교될 수 있지만
내겐 내가 가졌던 내 자아를 하나씩 버리는
진행 중에 있는 신앙고백의 한 형태인 것입니다.

언젠가 이런 글을 쓴 적이 있습니다.
하나님에 대한 진리를 앞에 두고
우리는 백지 한 장 차이의 말씀에 대한 앎으로
서로가 상대의 위에 서기 위해 싸우려 하기보단
오히려 말씀에 대해 아는 것이 부족하더라도 믿음으로
상대를 위에 세우려는 마음이 더욱 중요한 것이라고…

하나님 말씀을 알아 가면 알아갈수록
더 겸손해지고 더 낮아져야 한다고 말했던 제가
언제부턴가는 더 높아지려고 발버둥 치는 모습으로
변질되고 있답니다.
여러분이 지금의 저라면 어찌하시렵니까?

'완벽해서 올리는 것이 아니라
완벽에 가까워지려고 노력하는 중에 탄생하는 잡문입니다.'

저를 거울삼아

세상에서 성공했다는 사람들의 삶을
배우기 위해 나름대로
노력했습니다.

그들이 후세에 남겼던 여러 학문을 통해
못 배운 한을 풀려고 이 또한
열심히 했다고 봅니다.

시간이 한창 흘렀을 때, 이젠 저만의 철학을
가져야겠다고 세상에 노래하기 시작했습니다.

표현을 거듭할수록 저의 사고는
바위 같은 아집(我執)으로 굳어지는 것 같았습니다.

잠을 이루지 못하며 수많은 금전을
지불하면서 쌓았던 저의 바위 같았던 자아(自我)는
그 어느 것에도 흔들림 없이
도저히 깨질 거 같지 않았습니다.

그러던 어느 날,
십자가에 못 박히셨던 예수님의

음성을 듣게 되면서
세상을 통해 이루었던 그것을
놓지 않기 위해 무던히 애를 써 보지만
애를 쓰면 쓸수록 나의 초라함만이
드러나는 것을 보게 됩니다.

아직도 제 안에는 제가 여전히 있습니다.
어느 날부터 제 안에 들어와 계신 주님이
그런 저를 하나씩 들춰내며
저를 부끄럽게 하는 것입니다.

말씀 한 구절, 한 구절 먹을 때마다
저의 바위 같았던 아집은 하나씩
바람에 날아갑니다.
하지만 아십니까? 바람으로 인해 사라지는
그 덩어리가 아깝지 않다는 것을…

당신 또한 저와 별로 다를 게 없는
그분의 창조물에 불과합니다.
이젠 당신이, 저의 초라함과 비참함을 거울삼아
당신 속에 그분을 모시기를 소망합니다.
못난 저를 통해 당신이 그분 앞에 나오길
그분은 지금도 눈물로 기다리고 계십니다.

저를 통해 알았으면

어렸을 때 그림을 잘 그렸어요.
그래서 학교 대표로 백일장에 나가
상을 타서 돌아왔지요.
어렸던 저는 잘났다고 생각했어요.

좀 커선 글을 쓴다고 폼을 잡았는데
쓸 때마다 사람들이 놀랐어요.
물론 선생님들도.

학교 진학은 담임의 권유에도
제 길이 아니라는 저만의 논리로
과감히 거부했어요.

군에서는 똘똘(?)하다고
부대 신문에 기사나 글을 연재하고
또 인터뷰도 했지요.

직장생활 중에는
모범상을 독차지하다시피 했고
제 말은 윗사람들이 잘 들어준 편이었어요.

집에서는 저의 작은 힘으로
어린 동생들이 학교를 마치거나 결혼을 한다거나
제 갈 길로 잘 갔지요.

그리고 사업을 시작했는데
당시에는 저도 놀랄 정도로 승승장구했지요.

여유가 생기면 못 다한 공부를 한다고
똑같은 학교를 두 번 다니다가
중간에 '에이!' 하면서 포기했지요.

여태 어느 누구의 도움 없이 집도 사업장도
아니 저의 모든 것을 스스로 해내었기에
저는 잘났다고 여기며 살았습니다.

그런 잘난(?) 저는
제 삶의 기준은 오로지 나 중심이었기에
그 어떤 어려운 여건이 온다 해도
다 이길 수 있다고 생각했습니다.

그러던 어느 날 그 모든 것이 한순간에
저의 교만이었다는 것을 깨달았어요.

제 나이가 사십이 넘어가면서
알게 된 것이지요.

그 긴 시간 동안 그런 저를
가여운 눈으로 그러나 사랑으로
때론 크고 작은 시험 거리를 주시면서까지
제가 돌아오기를 기다려 주신
주님을 생각하면
여태 살아온 저의 삶이 너무너무 부끄러워요.

제 말을 듣고 계신 당신만은
바보 같았던 저처럼 그 귀한 시간을
보내지 않았으면 좋겠어요.

인간은 자신이 아무리 잘난 척 한들
주님 앞에선 먼지 티끌에 불과함을
저를 통해 알았으면 좋겠어요.

'인간은 자신이 아무리 잘난 척 한들
주님 앞에선 먼지 티끌에 불과합니다.'

용서를 구합니다

제 성격의 단점 중에 다음과 같은 게 있습니다.
'현재의 인연이 그 어떤 관계라 하더라도
먼저 이별을 고하지 않는다.'가 그것입니다.

오랫동안 맺어진 벗들과도
사회생활이나 현재의 거래처 등도
신앙생활 속에서도 똑같이 적용하고 있습니다.

저는 세심하고 완벽을 추구하는
완벽결벽증에 걸린 사람입니다.
일이나 인간관계에서
저로 인해 일이 틀어지거나 인간관계가
삐거덕거리면 아주 힘들어하는
소심하고 나약한 사람이기도 합니다.

저 자신에게는 엄한 잣대로
틀림없는 계획 속에서 살고자 하지만
겉으로는 부드럽다는 소리를 듣고자 하는
가식적이고 위선적이기도 합니다.
좋게 말하면,
저는 외유내강(外柔內剛)형 인간에 가깝습니다.

저의 지난 세월의 흐름을 아는 분들에게서
허벅지를 바늘로 찔러도 피 한 방울
흘리지 않는 인간이라는 소리를 종종 들었지만
다른 사람들에겐 진실이든 거짓이든
유하게 보이려고 무척 애를 쓰는 편입니다.

그런 저에게도,
싫어하는 사람들에게 아무리 감추려 해도
공통적으로 보이지 않게 전하는 나쁜 메시지는 있습니다.
그것은 '무관심과 방관(傍觀)'입니다.
이미 제 마음에서 벗어난 상대에겐
전 철저하게 무관심과 방관으로 대처합니다.

그랬던 제가,
하나님을 믿고 신앙생활을 하게 되면서
제가 싫어하는 사람들을 이해하고 사랑하려고
저의 대처방법을 바꾸려고
하나님 말씀을 옆에 두고
배우고자 열심히 공부하고 있습니다.

하루빨리 그 방법을 터득해서 주님의 나라가 확장되는데
꼭 쓰이는 사람이 되고자 합니다.
지난날,
저의 무관심과 방관으로 본의 아니게
상처 입은 모든 사람에게 용서를 구합니다.

'저의 무관심과 방관으로 본의 아니게

상처 입은 모든 사람에게 용서를 구합니다.'

이 순간 당신의 선택이

세상에서,

그 누구보다도 열심히 살았는데

여태껏 별로 이룬 게 없지요.

누구는 잘난 부모를 만나

힘들게 일하지 않고도

억이 넘는 고가의 차를 모는데

당신은 잠도 제대로 못 자고

덜덜거리는 1톤 화물차 위에

몇 톤이 넘는 짐을 싣고서

때까지 놓쳐 빵 한 조각과 우유 하나로

끼니를 때우고 있지요.

가정 형편이 어려워 못했던 공부가

너무나 하고 싶어서

이 나이에 공부 좀 하겠다고 책을 펼치면

육신이 피곤하여 졸음이 먼저 찾아오고

이젠 눈까지 침침해서 눈에 들어오지도 않지요.

이제 공부해서 뭐하나 하면서 책을 덮고

오히려 냉장고 구석에서 소주병을 꺼내 들지요.

한 잔을 마시면
내 몸을 흐르는 알코올 성분이
지난날 나의 과거를 들춰내기 시작하지요.

두 잔을 마시면
괜스레 힘이 빠지고 눈물이 고이고요.

세 잔을 마시면
알 수 없는 서러움에 펑펑 눈물이 날 거예요.
지나온 세월이, 앞으로 살아갈 남은 시간이
내 마음속에서 눈물로 생성된 거예요.

하지만 걱정 마세요.
마시는 소주병은 당장 버리시고
우리를 위해 십자가에 못 박혀 돌아가시고
우리와 함께 부활하셔서
지금도 살아서 역사하시는 예수님을 믿어 보세요.

나 자신이 아무리 세상에서 발버둥 쳐도
저 사람이 억짜리 차를 몰고 있다 하더라도
주님의 도움 없이 이룬 것은
한낱 먼지 티끌에 불과하거든요.

비록 가정 형편 때문에
남들처럼 배움이 없으셔도 괜찮아요.

당신의 직업이 세상의 눈으로 봤을 땐
하찮은 거라도
우리와 함께하신 주님은
절대 따지지 않거든요.

예수님을 믿으면,
당신의 평소 생각과 다르게
변화와 기적이 일어나요.
예수님을 믿는 순간,
주님 안에, 주님이 내 안에 계시기 때문에
나 자신도 알 수 없는
능력이 생기는 거지요.

믿어 보세요.
예수님을 믿어 보세요.
이 순간 당신의 선택이
당신과 당신의 가족과
주위 모든 지인들을 살리는
참된 선택이라는 것을
곧 알게 될 거예요.

'예수님을 믿어 보세요. 참된 선택이라는 것을
곧 알게 될 거예요.'

당신이 스스로 변화되기를

제 나이 여덟에 아버지가 돌아가시고
어머니는 3남 2녀를 키우기 위해
많은 고생을 하시다가 몇 해 전에 아버지
뒤를 이으셨습니다.

형과 나이 차로 본의 아니게 집안의
기둥 역할을 해야 했던 저는
철이 들 무렵부터 나름대로 많은
고생을 하며 살았다고 말할 수 있습니다.

초등 시절은 그림을 잘 그려서
학교 대표로 대회에 나가 상을 받았었고
글짓기나 공부도 보통 하는 편이라서
선생님의 칭찬도 받았었습니다.

군 시절도 사회생활도
저는 남에게 지지 않으려 노력했기 때문에
남들보다 앞서는 편이었고 일찍 돈의 필요성을 가져서
하고팠던 공부의 길을 때려치우고
자영업도 일찍 시작했습니다.

저의 계획들은 나름대로 잘 맞아서
어느 누구의 도움 없이 순수 제힘으로
동생들을 보살피고
작지만 집도 장만하고 차도 사고 결혼도 했습니다.

살면서 눈에 보이는 야단이나
잘못했다는 소리를 들은 적이 별로 없기 때문에
저의 앞길은 이젠 고생 끝 행복 시작이라는
꿈만을 꾸게 되었습니다.

남들처럼 건하게 술, 담배 한 번 못하고
흔한 여행 한 번 못해보고
그저 미래를 위함으로 살았기에
모든 것을 이룰 줄만 알았습니다.

하지만 언제부턴가 해도 해도
항상 제자리인 제 삶은
똑똑한 척했던 제 머리로는
도무지 알 수가 없게 되었습니다.

그러던 어느 날, 단 한 번의 꿈을 통해 들은
하나님의 음성은 그런 저를 더 헷갈리게 했습니다.

착하고 성실하게만 살았던 제게
'나는 너를 다 아니 내가 너를 용서한다.'라는

형용할 수 없었던 두려움을 가지게끔 했던 그 음성은
여태 살았던 저의 인생을 송두리째
바꿔 버렸던 것입니다.

남들에게 해코지 한 번 안 했고
법이 없어도 사는 사람이라고 했던 제가
뭘 잘못했다고 용서하신다는 말씀이신지…

말수가 없었던 사람이 복음을 앞에 두고
누군가와 이야기를 시작하면 침을 튀는 사람이 되었고
운동을 좋아하지 않았던 사람이
모든 구기 종목에 참여하는 적극성이 생겼습니다.

남을 질타만 하고 한심스럽게 여겼던 사람이
겸손하고 낮은 자가 되려 하고 있고
충고와 훈계만 하던 사람이
이젠 모든 사람의 삶을 먼저 듣고 이해하려는 사람이
되고 있습니다.

열심히 하면 나 자신의 미래를 이룰 수 있다던 마음가짐이
나만의 착각이요, 교만이었다는 것을 알게 되었고
십 원조차 아까워 도둑처럼 공짜 지하철을 탔던 사람이
이젠 물질을 쓰는 것을 다르게 생각하고 있습니다.

어찌 달라진 게 겨우 이 정도이겠습니까.

단 한 번의 꿈이

완전히 다른 사람으로 저를 변모시켰듯이

여러분도 저와 같을 것입니다.

지금 제가 하는 말은 추호의 거짓이 없습니다.

여러분,

하나님은 당신이 스스로 변화되기를 원하십니다.

저의 간증이나 다른 사람의 입술을 통해

그리되기를 바라고 계신다는 것입니다.

제발,

하나님의 역사(?)가 당신에게 펼쳐지기 전에

여러분의 걸음이 주님에게로 향하기를…

'단 한 번의 꿈을 통해 들은

하나님의 음성은 그런 저를 더 헷갈리게 했습니다.'

기다리고 있습니다

제겐 아들이 하나 있는데
어느 부모나 자신의 자식을
가장 큰 보물로 여기듯
저도 예외는 아닙니다.

저는 하나밖에 없는 아들에게
세상 수많은 진리(물론 저만의 생각) 중에
다음과 같이 가르치고 있습니다.

"아들아, 공부할 땐 공부하고
야구할 땐 야구하고, 게임할 땐 게임하고
친구들하고 놀 땐 놀아라.
허나, 공부할 때 탁구하고
게임할 때 책 보고,
친구들하고 놀 때 혼자 딴짓은
하지 말거라…"

아들이 얼마 전 반장 선거에 나간다고
발표할 내용을 알려 달라고 해서
저는 다음과 같은 내용을 강조해서
외우게 한 적이 있습니다.

"선생님과 친구들을 위해
심부름하는 봉사하는 반장이 되겠습니다!"

후자의 내용에 전자의 내용을 대입해 보면
여러 이야기를 유추(類推)할 수 있는데
'자신이 맡은 자리를 시기와 장소에 따라
성실히 수행해야 한다.'
라는 것도 그중에 하나가 될 것입니다.

즉, 내가 회장이면 회장의 임무를
내가 부반장이면 부반장이 해야 할 것을
상황에 따라 제대로 해야 한다는 말이 그것이지요.
부장이 사원처럼 행동한다거나
대리가 상무가 된 것처럼 월권한다면…

제 아들은 제가 외우게 한 그 말(?) 덕분에
반장이 되었고
평소 아빠의 말을 귀담아들었다면
반장 노릇을 꽤 잘할 거라는 저만의
확신을 가지고 있습니다.

아들이 점점 질문을 많이 시작할 때쯤
저는 거실 정면 벽에
"하나님이 보시기에 아름다운 사람이 되자."라는
가훈을 걸었습니다.

아직은 제 자신도 그 가훈을 온전히 지키지 못하기에
아들에게 그것을 설명해 주지 못하고 있지만
빠른 시일 내에 그 문구를 놓고
아들과 대화를 나눌 날을
지금도 기다리고 있습니다.

제 자신이 그때가 오기를 기다리고 있는 것은
제가 아빠로서 혹은 어느 임무를 가지고 있을 때
제 자신이 그것을 가르치기 위해선 제 자신부터
시기와 장소를 가려 온전히 행할 때만이
그것이 긍정적인 결과로
이어진다고 생각하기 때문입니다.

'하나님이 보시기에 아름다운 사람이 되자는 가훈을 걸었습니다.'

일 초 후에 뜰 희망

전도서 7장 14절 말씀 상반부에,
'형통한 날에는 기뻐하고 곤고한 날에는
되돌아보아라…'라고 기록되어 있습니다.

주님께서는,
내 삶이 잘 풀릴 때는 '기뻐하라' 하시면서
어려울 때는 슬퍼하거나 절망하라 하지 않고
'되돌아보아라'고 말씀하시는지
저 같은 어설픈 글쟁이는
앞뒤 문맥이 어울리지 않는다는 것을 알고
고개를 갸웃하게 됩니다.

눈을 감고 한참을 생각하다 보니
너무나 엄청난 뜻이 그 안에
내포되어 있다는 걸 알게 됩니다.

하나님은,
우리 각자에게 다른 계획과 모양으로
행하시고 만들어 가는 것 같습니다.
형통함이든 곤고함이든
돌고 도는 삶의 희로애락의 반복은

하나님께서 당연히 우리에게 주신
삶의 흐름인 것입니다.

그러나 우리는 너무나 간악하고 나약해서
형통할 때는 내 탓이요.
곤고할 때는, 하나님의 뜻을 찾으려 하지 않고
남의 탓으로 여기며 절망하고 낙담합니다.

계속해서 중하반부를 보면,
'… 두 가지를 병행하게 하사 사람이 장래 일을
능히 헤아려 알지 못하게 하셨느니라.'

그렇습니다.
형통함과 곤고함은
인간이 아무리 잘난 척한들
언제 어떤 방법으로 순환될지
전혀 알아차릴 수 없는
하나님의 고유 권한입니다.

그러므로 오늘 형통함을 가진 사람은
내일 곤고함이 당연히 올 수 있고
곤고한 사람은 지금 당장
희망이 찾아올 수 있다는 것입니다.

지금도

한 치 앞도 볼 수 없는 세상일로 곤고한 분들은
하나님 말씀을 가슴에 심어
일 초 후에 뜰 희망을 바라볼 수 있기를
기대합니다.

설령 힘들어서 모든 걸 놓고 싶다손 치더라도
하나님이 내게 맡겨 두신 것을
처한 곳에서 다시 꺼내어 사용해 보시기 바랍니다.

저는,
하나님의 보호하심과 동행 없이
결코 우리 스스로 만들 수 없는 우리의 삶으로 인해
힘들어 하는 것보다는
계신 곳에서 최선을 다하는 가짐이
하나님이 '되돌아보아라'라고 말씀하신
그 의미의 정답이 아닐까 감히 생각해 봅니다.

'우리 인간이 알 수 없는 하나님의 고유 권한을 두고
오늘 고민할 필요는 없습니다.'

간절(懇切)한 마음

오늘도 어김없이 눈을 뜨고
화장실로 향해 샤워를 끝내고
아침 식사까지 마친 후
거울 앞에서 옷매무시를 단정히 하고
일터로 나갑니다.

출근을 하면,
회의도 하고 오늘의 일정을 확인하거나
거래처 사람들을 만나거나
각기 자신이 맡은 바를 성실히 수행하려고
나름대로 노력할 것입니다.

집에 돌아오면,
출근 전에 했던 동선을 거꾸로 하고
가족과 대화를 나누거나 텔레비전 시청을 하면서
잠자리에 나의 육신을 눕히고
눈을 감습니다.

사람마다 약간의 차이는 있지만
보통 이렇게 살지요.
내 개인의 육신과 가족을 위한다는 명분으로

우리는 어제와 오늘, 또 내일까지
큰 차이 없이 흐르는 시간과 함께합니다.

나이가 점점 들어갈수록,
위와 같은 일상이 참 허무하다는 생각이 들기도 하고
미래의 대한 불투명으로 하여금
불안이 엄습하기도 합니다.

내 의지와 상관없이 세상에 나와
어쩌면 우연과 필연 속에서 내 생각대로 인연을 맺고
때론 눈물로 그 손을 놓으며 여태 살아왔지만
뭔가 아쉽다는 생각이 바람과 함께 돌고 돕니다.

세상을 이길 거 같았던 젊은 시절이나
아니, 그 전에 미래의 꿈으로 온통 가슴이 벅차던
학창 시절…
이젠 그 시절의 소망은 거의 다 사라진 듯
하루하루 왜 사나 하는 냉소(冷笑)만이
되풀이됩니다.

여러분 아십니까?
그런 크고 작은 나의 냉소들이 모여
나의 영혼이 황폐해지고 내 가슴이 강퍅해진다는 것을…

물레바퀴처럼 돌고 돌아서 얻은 양식은

육신의 성장을 위해 먹어야 할 그 양식은
나의 어제와 오늘 그리고 내일까지
결코 나를 성장시킬 수 없습니다.

아무리 좋은 음식을 먹어도 나의 육신은
노화되고 아무리 좋은 차나 넓은 집에 살아도
육신은 점점 죽어가고 있기 때문입니다.

이젠 바쁜 당신의 일상을 조금만 뒤로하고
우리를 위해 독생자를 보내신
하나님의 간절(懇切)한 마음을 알아야 할 때입니다.
그것만이 나의 단 한 번뿐인 생을
성장시킬 수 있습니다.

'하나님의 마음을 알아야 나의 단 한 번뿐인 생을
성장시킬 수 있습니다.'

참주제라고 봅니다

비가 주룩주룩 내리던 밤…
겉으로는 미소가 있지만
속으로는 안타까움과 아쉬움 그리고
갈급함이 혼재한 그런 날이었습니다.

오랜 시간 투병하던 분이
하나님의 부르심으로 우리 곁을 떠나신 걸 보고 나서
바로 옆 동에
오래전 함께 신앙생활하던 분이 계시다하기에
잠깐 들렀습니다.

며칠 전 주일에는
네 군데나 병문안을 다녔는데…
그러고 보니 몇 년 전 저의 어머니도
거의 이맘때 하늘로 가신 거 같네요.

솔직히 말하면, 죽고 사는 문제는
우리네 힘으로 할 수 없잖아요.
하지만 우리 힘으로 할 수 있는 건
있다고 봐요.

하늘로 가기 위한 준비를 할 동안
우리는 함께할 수 있답니다.
하늘로 가는 것은 우리 모두에게 포함되지만
단지 순서만 다른 것뿐이에요.

내가 살기 바쁘다 하여
누가 가든 말든 상관없다고 마음먹는 것은
곧 내게 닥칠 때 상대의 반응이지요.

이 글을 읽는 여러분,
삶은 당신이나 내 힘으로 약간은 조정할 수 있다지만
그 삶을 계획하고 계획 속에 움직이게 하고
또 멈추게 하는 것은
하나님만의 고유 권한이랍니다.

우리, 오늘 하루의 끼니를 위해
지금 함께하는 사람들의 삶을 외면하지 마세요.
나 자신이 오늘의 그 끼니를 포기한다 해도
우리를 준비하신 분이 다 알아서 채워줍니다.
지금부터라도 나보단 다른 사람을 먼저 생각하는
사람이 되어 보세요.
그런 행함이 이번에 우리가 함께 배워 나가야 할
참주제라고 봅니다.

거꾸로 돌아볼까요

아… 나는 왜 그래
왜 나는 이렇게 바보 같지.

내 인생은 왜 이리도 질퍽질퍽한 것이지
남들은 저렇게 멋지게 화려하게 사는데
나는 뭐야, 나는 뭐냐고!

아아, 왜 이렇게 눈물이 나는 거야
이 눈물의 의미는 뭐냐고!

내일 상환해야 할 카드 대금은 어쩌지.
어제 막지 못한 집 담보 대출금은 또 어쩌고.
며칠 후면 아들 녀석 학원비
그리고 또 며칠 후면 딸아이 레슨비

이런 것들의 진정한 의미는 뭐야.
머리 아파… 가슴이 울컹울컹
곧 쓰러질 거 같아.

당신은 전능자에게 대항하는 자들의
조종을 받고 있는 것입니다.

다시 거꾸로 돌아볼까요.

와우! 이 멋진 내 얼굴은 뭐얌?
이 나이에 겨우 이 정도의 주름.
내 인생은 비록 저들처럼 화려하진 않지만
너무 좋아. 아흥 황홀해…

왜 이렇게 자꾸 웃음이 나는 거얌?
담달에 보너스 타니간
옆집 순이네에서 카드값 좀 잠깐 빌려야겠당.
어제 밀린 건 까짓거 며칠 밀리고 연체금 좀 내지 뭐.

그 녀석 학원 다녀서 그런지 성적이 좀 올랐지?
S대는 그렇고 지방 K대 정도면 음… 될 거 같고.
우리 딸 곧 졸업하면 예술의 전당에서 와우!
생각만 해도 좋아 좋아!

비록 남들처럼 크게 살진 못해도
건강한 가족과 잠잘 수 있는 이 보금자리
그리고 나란 존재를 이미 준비하고 계획하고
앞으로의 모든 생을 지켜주시는 분이 있는데
뭘 고민하고 힘들게 살아.

아자! 아자!

거울에 비친 '나와 너'

거울에 비친 '나와 너'를
한참을 물끄러미 바라보고 있어요.

생긴 얼굴은 평범하고
입은 옷도 길거리에서 산 할인된 옷감이고
또 남보다 모아둔 동전도 그 숫자가 터무니없이 적고
배움도 짧아 무식해선지 되는 일도 거의 없어요.

세상 살기가 너무 힘들어
어두운 구석방에서
절망과 낙담으로 모든 것을 놓고 싶을 때
누군가가 그분을 만나면
새로운 희망과 꿈이 생기고
그분이 주신 능력과 힘으로
새 삶을 살 수 있다기에
'나와 너'는 큰 용기를 내어 나갔어요.

어제나 오늘이나
여전히 빈털터리 주머니를 가졌지만
미소를 찾아가던 '나와 너'에게
이제는

그분 것을 뒤에 감추어 두지 말고
가져올 때래요.

그분 것을 가져오지 않는다면
지금보다 사는 게 더 힘들어질 거라고 하네요.

아무리 주위를 돌아보아도
가져올 게 없는 '나와 너'는
어찌해야 하나요.

그분 것을 도둑질했으니
몰염치는 싫으니
그분에게 등을 보이며
여길 떠나야 하나요.

어찌할까 망설이는데
또 다른 누군가가 이런 말을 해주었어요.

설령 그분 것을 도둑질했다 하더라도
그분은 '나와 너'를 사랑한대요.
그분은 '나와 너'가 도둑질했다는 그것이
차고도 넘치는 분이래요.
단지 '나와 너'가 그분을 얼마나
믿고 사랑하는지 보고 싶은 거래요.
그러니 다른 사람이

무어라 손가락질하더라도
오직 그분만을 쳐다보래요.

없는 것도 만들어
그분의 영광을 위해 내놓을 그때를
그분은 정확히 알고 계시니
그분은 기다려 주실 뿐 나무라지 않는데요.

자신도 그분의 계획과 역사를 믿고 있대요.
단지 '나와 너'보다 조금 더 내놓고
자신의 눈과 기준으로 타인을 바라보는 그들이
오히려 안타깝게 생각될 뿐이래요.

'최고의 학문을 패스했다 한들 하나님을 모르면
쓰레기를 실크 가방에 담은 꼴입니다.'

기본이자 상식의 가짐

학생들에게 공부하는 이유를 물어보세요.
대부분 참 이상한 질문을 하는 사람이라고
쳐다볼 것입니다.

직장인들에게 일하는 이유를 물어보세요.
그들 또한 몰라서 묻냐고 그것이 질문이냐고
오히려 반문할 것입니다.

혹여 여러분이 위 같은 질문을 받는다면
어찌 대답할 거 같습니까?

학생들이 공부하는 이유나
직장인들이 일하는 이유나
지금 내가 거한 자리에서 숨을 쉬고 있는 것은
모두 주위 인연들과 사랑을 나누기 위함입니다.

단지 상대적으로
더 깊고 높은 공부를 하는 사람은
더 많은 수입을 올리는 사람은
남들보다 더 가진 것을
주위 사람들에게 써야 한다는 기본과 상식이

함께 바탕에 깔려 있습니다.

그 이유는
자신이 남들보다 많이 받은 것이고
내가 잘나서 받은 게 아니기 때문입니다.
이 말은 나 자신을 위해 쓰기 보다
남들에게 써야 한다는 것이고
세상을 창조하신 분이 우리 각자에게 주신
기본이자 상식의 가짐인 것입니다.

'하나님을 알아야 한다는 기본과 상식도 모르면서
부와 명예와 권력을 가졌다 한들 무슨 소용이 있으리오.'

똑같은 나입니다

평소엔 절친하다가도
어느 날 갑자기 마음이 싸늘하게 변해
갈라지는 것은
누구 탓으로 봐야 합니까?

보통 너 아니면 나, 우리 안에서
어떤 이유로 인해
일어나는 것으로 보이지만
그것은 누구의 탓도 아닙니다.

신앙생활을 하면서
'모든 계획과 역사는 하나님 뜻 안에 있기 때문에
만나는 것도 갈라지는 것도
그 안에 포함된다.'라고
저 같은 부족한 사람도 점점 확신하게 됩니다.

만날 땐 서로 기뻐 웃고
떠날 땐 서로 아쉽고 슬프지만
인간이 맘대로 할 수 없는 범위이기에
서로 탓할 것 없이
있는 그대로 받아들이면 된다는 것입니다.

이유나 탓으로 돌리게 하는 것은
우리가 서로 하나가 되고
사랑하는 것을 방해하는
그들의 공작에 불과한 것입니다.

이 시간 만나는 모든 사람은
어차피 하나님 앞에선 똑같은 나입니다.

현 시각, 함께 맺고 있는 인연에게
내 기준으로
관계를 잡았다 놓았다 하지 마세요.
그것은 나를 잡았다 놓았다 하는 것과
같은 이치입니다.

우리가 가장 크게 경계할 것은
그들의 공작에 휘둘려
우리 스스로 하나님을 벗어나는 것입니다.

'그들은 우리를 하나님으로부터 벗어나게 하기 위해
오늘도 밤을 지새워 공부를 하고 있습니다.'

비밀을 알아낼 수 있는 키(Key)

새벽부터 늦은 밤까지 일해도
내 나름대로 아무리 노력한들
낮부터 놀고 있는 저 사람보다
궁핍(窮乏)한 생활을 합니다.

예배도 기도도 헌금도 봉사 등등
내 나름대로 열심히 신앙생활을 해도
믿지 않는 자보다 못한 생활을 합니다.

세상적인 생활이든 신앙생활이든
내 나름대로 열심히 하는 것 같은데
그들보다 못나거나 못한 것은
과연 어떤 이유가 있을까요?

그렇습니다.
당신이나 나나 우리 모두 아직 잘 알지 못하지만
분명한 이유는 있습니다.
바로 그것이 영적인 비밀입니다.

우리가 그 비밀을 알지 못하는 한
결코 우리 생활은 어제와 같은 오늘이나

오늘 같은 내일은 계속될 것입니다.

영적인 비밀은 쉽게 말해
근본(根本)이나 근원(根源)에서 찾을 수 있다고 봅니다.
내 안의 형성된 그 가시나 뿌리가 뽑히지 않으면
결코 그 비밀은 드러나지 않을 것입니다.

내 안의 형성된 그 가시나 뿌리는
지금 우리가 살아온 나이 안에서 형성된 것이 아니라
우리의 선대 이전부터 내려온 것이기 때문에
나나 너 인간의 힘으로는
해결할 수 없는 절대 영역이라고
말할 수 있을 겁니다.

오직, 우리를 구원하시기 위해
인간의 몸으로 낮은 자로 오셔서
십자가를 통해, 우리의 과거와 현재, 미래까지
대신하여 돌아가신 예수님만을 통해서
그 답을 찾을 수 있습니다.

아직도 당신 자신의 지식이나 경험, 능력으로
당신과 당신 선대와 그 전부터 내려온
그 영적인 비밀을 해결할 수 있다고 보십니까?

온종일 땀을 흘리며 일해서 저축한들

그 물질로

그 비밀은 살 수 없습니다.

비록 아직은 그 비밀을 잘 알지 못해도

믿지 않는 자들보다 못해서 조롱(嘲弄)을 당하더라도

오늘 당장 예수님을 영접하고 교회에 나가

예배드리고 기도하면서 신앙생활을 하면

좀 더 빨리 그 비밀을 알아낼 수 있는

키(Key)를 갖게 되는 것입니다.

'우리 함께, 좀 더 빨리 그 비밀을 알아낼 수 있는

키(Key)를 갖도록 노력합시다.'

어서 당신을 꺼내 보이세요

내가 아무리 저들보다 잘났다 한들
당신 혼자는 살 수 없어요.

내가 아무리 물질이 풍성해도
철창에 꼭 숨겨두고 제대로 쓰지 않으면
그건 돈의 가치를 우롱하는 처사랍니다.

내가 아무리 유명 대학을 나왔다 해도
배운 걸 남을 위해 쓰지 않으면
그건 길거리 코 푼 휴지 조각
졸업장에 불과해요.

공통점이 뭔지 아시겠어요?
가진 걸 꺼내 놓아야 한단 거죠.

당신이 잘난 것은
남들이 알아줘야 잘난 것이고
가진 것을 필요한 데 써봐야
가진 게 없지만 나누고 싶은 사람들의 간절한 마음이
당신을 존경하는 거예요.

당신이 부모 잘 만났거나 능력이 좋아
별 어려움 없이 공부했다면
하고 싶은 공부를 생존을 위해 눈물로 뒤로 한
그 가엾은 사람들에게
알리고 나누어야 되는 거예요.

조용히 산다고
겸손하고 고상하다고 아무도 생각하지 않아요.
알잖아요.
그것은 주님이 우리에게 주신
주님을 사랑하고 나를 사랑하고
나와 너 서로 사랑하라는 그 말씀을
거부하는 모양새라는 걸…

그 존귀한 말씀을 뒤로하고
지금도 웃고 사는 당신의 그 용기는
그 뒤는 차마 제 입술로는 여기서 생략할 테니
어서 당신을 꺼내 보이세요.

주님께 받은 당신이 가진 것을
어서 당신을 꺼내 보이세요.
주님이 나와 당신을 향해 기침하시기 전에요.

더욱 꼬일 수 있습니다

내가 비정규직이라서, 회사에서 나가라고 하면
책상에 있던 내 물건 박스에 담아
"그동안 고마웠습니다!" 하고 나오면 됩니다.

요즘 경기가 안 좋아서 매출이 떨어져
임대료나 인건비나 전기, 수도 요금을 잘 내지 못하면
연체료까지 합해서 내일 내면 되는 거예요.

내가 몸이 아파 병원에 갔는데
의사가 당신 암이라고 하면
'아, 내가 암이구나…' 하며 집으로 돌아오면 되고요.

내 자식이 내 말을 듣지 않고 세상에서 방황하면
'자식 언젠간 철 들면 알겠지…' 하며
그저 옆에서 더 크게 나가지 않게
지켜주기만 하면 돼요.

직장이나 사업이나 나의 질병이나 내 자식 문제…
내가 고민하고 슬퍼한다고 정상으로 가는 거 아니에요.
그렇다고 흐르는 강물에 날 던지는 것같이
무책임한 행동은 더욱 할 게 아니겠죠.

프랑스의 계몽사상가 장 자크 루소는,
"일생을 진리(眞理)에 바친다."라고 말했습니다.
내 생의 진리를 어디에 두느냐에 따라
나의 실타래는 다 풀리게 되어 있다는 말이지요.

내가 나오면 저 사람이 들어가고
내 장사가 어려우면 소수를 제외하고는 다 마찬가지고
내가 아픈 것은 세상 수많은 사람들 중 하나일 뿐이고
내 자식 또한 이미 내 손을 떠나 있는 것이고
되지 않는 일로 내 힘에서 벗어난 일로 고민하지 마시고
그저 눈물로 기도하세요.
어느 누구도 날 대신해 주지 않거든요.
그러니 눈물로 기도하세요.

세상을 창조하신 분이
이미 내 그릇에 부어 준 걸로 만족하고
더 달라고 욕심내지 마시고 지금 가진 걸로
만족하며 사세요.

장 자크 루소가 말한 것은,
창조주의 전능함을 잘 알기에
모든 것을 창조주가 주신 진리에
나를 갖다 두라는 그런 메시지가 내포된 것 같아요.

그저 말로만,

힘없고 나약한 우릴 위하는 척하는 저 사람들
결코 우리와 같은 입장으로 오지 않거든요.
주님만이 우리의 사정을 알고 함께
우시는 분이랍니다.
힘들면,
오늘 밤 주위 교회로 가서 맘껏 울며
기도하세요.

내 발걸음이 아직도 교회로 옮겨지지 않는다면
당신의 그 실타래는
더욱 꼬일 수 있습니다.

'하나님을 뒤로하면서 당신의 실타래를 직접 풀고자 하면
그 실타래는 더욱 꼬일 수 있습니다.'

오늘은 무엇을 해야 할지

여러분은 눈물의 의미를 아십니까?
눈물은 슬퍼도 기뻐도
그러니까 인간의 희로애락 중에 나오는
생리적인 현상입니다.

눈물은 진솔함의 상징입니다.
어느 누군가 내 앞에서 눈물을 흘릴 때는
특별한 경우가 아니고는 그것은 위선이 아닌
진실로 봐야 합니다.

그러니 그 사람의 눈물을 보면
내 마음이 아파야 합니다.
얼마나 속상하고 얼마나 다른 이들이
나를 곡해하는지에 대한 억울함이
포함된 것이기 때문입니다.

그 사람이 나를 앞에 두고 울 때는
나 자신에게도 원인이 있습니다.
자신을 이해하지 못하는 내게,
표현하는 방법입니다.

우린 살면서, 위와 같은 일로 눈물을 흘리는
이들을 많이 두면 좋지 않습니다.

예수님이 십자가에 못 박히기 전에
얼마나 우셨는지 여러분은 잘 알고 있을 겁니다.

예수님은 자신이 우는 이유를 구태여
설명하지 않아도 우리는 그 이유를 알고 있듯이
지금 동일 시대에 함께하는 우리의 지인들은
우리의 지인들이 우는 이유를 조금만 생각하면
알 수 있습니다.

여러분, 나로 인해 저 사람이 눈물을 흘린다면
얼마나 미안합니까.
그 눈물을 우린 우리의 마음으로 닦아드려야 합니다.
그리고 어제와 똑같은 눈물을 흘리지 않게
오늘 무엇을 해야 할지 알아야 합니다.

'주님이 어제와 똑같은 눈물을 흘리지 않게
오늘 무엇을 해야 할지 알아야 합니다.'

부정적인 모든 가짐

우리가 아는 당(黨)이란 음은
그 뜻이 '무리'입니다.
그러므로 정당(政黨)은 '정사를 논하는 무리'를 말하고
붕당(朋黨)은 뜻이 맞는 '사람끼리 모인 단체나 조직'을
일컫습니다.

우리가 당에 대한 부정적 사고를 갖게 된 것은,
대체로 조선시대 율곡 이이의 사후에
그에게 학문을 닦은 사람들 중
리더 격인 사람들의 사고가 달라지면서
동과 서로 사는 위치에 따라 갈라지게 되었고
후에는 여러 이유로 서로의 목숨을 돌아가며 빼앗는 경우가
반복되었기 때문입니다.

현대 사회에서도 비슷한 경우는 계속 이어져
오고 있습니다.

당에 내포된 가장 큰 뜻은
어떤 목표와 목적을 이루는 데 합심하겠다는
의지가 담겨 있습니다.
물론 그 방향을 달리하는 무리가 또 다른

무리가 되는 것이지요.

인간에게 필연적으로 서로 다른 당이 탄생되는 것은
서로 적절한 견제와 균형을 가지고
서로 발전하기 위함입니다.

세상이 아닌 외형적인 교회도 마찬가지라고 생각합니다.
하나님을 믿고 그 길을 닮아가는 목표와 목적은 하나인데
나 자신이 살아온 배경이나
내가 현재 가진 믿음의 강도나 내가 하나님께 무상으로 받은
은사 등으로 본의 아니게 무리를 지을 수 있습니다.

그러므로 절친한 친구 사이도, 교회의 각 부서도 하나의 작은
당이라도 봐도 무방합니다.

다만 교회의 각 부서는 교회의 하나의 지체에 해당되므로
우리는 교회의 각 부서를 당이라는 부정적 의미로
보진 않습니다.

그러나 교회의 사람들이 몇 명씩 모이는 것에 대한 시각은
그 방향이 달라지는 경우가 비일비재합니다.

그 이유는 내가 속한 당은 목표와 목적이 바른데
다른 당은 그렇지 못하다는 편견과 선입견이 깔리기
때문입니다.

편견과 선입견을 갖는 조직이나 사람은
대체로 상대에 대한 열등감이나 조직의 허술함을
드러낸다고 보면 됩니다.

정말 확실한 모토를 가진 당은
그 어떠한 외부의 방해공작이 있다더라도
그 중심이 흔들리지 않는다는 것이지요.

인간은 살다 보면
이런저런 당에 흡수될 수밖에 없는 존재입니다.
불가피하게 흡수는 되더라도,
당은 서로 발전하기 위해 존재하는 것이지
서로를 시기하고 질투해서
서로 망하기 위해 존재하는 것이 아닙니다.

내가 속한 당만이 당이고
남이 속한 당은 당이 아니라고
혹여 여긴다면,
그것은 자신의 초라함을 드러내는
가엾은 행위에 불과하다는 것을…
그러니 지금 불어오는 바람에
나의 부정적인 모든 가짐을 날려 버리고
'히브리서 10장 25절 말씀'을 펼쳐서
그 참뜻을 꼭 찾아내시기를 간곡히 바라는 바입니다.

관계 속에서 호흡하는 것만이

전도서 4장 12절 말씀을 보면,
'한 사람이면 패하겠거니와 두 사람이면 맞설 수
있나니 세 겹줄은 쉽게 끊어지지 아니하느니라.'

제가 저 자신을 볼 때,
산책하며 사색을 즐겨하는
소위 센티(Senti)한 면이 있는 사람입니다.

센티는, 감성적인 면을 드러내는 단어이지만
저는, 감성적인 면만이 아니라
중요한 선택을 할 때
또는 어떤 사안에 대해 제 생각을 정리할 때도
산책을 통해 합니다.

어제는 문득,
사람들이 한때는
서로 함께 울고 웃다가 냉정하게 돌아서고
나의 몸과 마음을 담았던 모임이나 조직을
떠나는지 그 이유가 궁금해졌습니다.

여러 가지 이유가 있겠지만

아무리 생각하고 또 생각해도
'나를 인정받지 못할 때, 즉 소외감을 느낄 때나
나 자신이 있으나 마나 할 때'
그런 결정을 내릴 수 있다는 생각이 들었습니다.

한마디로 정리하면,
소외감(疏外感)이라 할 수 있는데
소외감이란,
'남에게 따돌림을 당하여 멀어진 듯한 느낌'이란 뜻으로
자신에게서 오는 자신만의 느낌입니다.
남들은 전혀 그렇게 생각하지 않는데
나 스스로 '그럴 것이다.'란 느낌을 갖게 하는
명사형이라는 것입니다.

거듭 말하지만, 남들은 그대로인데
나 홀로 지레짐작하여
자격지심(自激之心)으로
그런 느낌을 갖는 것인데
다른 사람들과 진실로 교제하면
그런 느낌을 없앨 수 있다는 말이 됩니다.

당신의 마음은 어떠십니까?
전도서 4장 12절 말씀은
남에게 아무런 피해를 주지도, 받지도 않고
홀로 조용히 사는 것을 옳다고 보지 않는 것 같습니다.

비록 서로 간 오해와 다툼이 있어서
가끔은 마음이 아파도
어차피 서로 일으켜 주며 어울려 살아야 한다는
깊은 뜻이 숨겨져 있는 거 같습니다.
그런 게 싫어서 이별을 말하고 등을 돌리면
나 자신은 항상 반복되는 그 느낌 속에서
삶이 더욱 힘들고 외로워질 것입니다.

이 시간, 스스로 소외감을 간직하지 마시고
밖으로 나오십시오.
아무도 당신을 따돌리지 않습니다.

저는, 주님께서는 전도서 4장 12절을 통해
관계 속에서 호흡하는 것만이
'인생에서 낙오하는 것을 방지할 수 있다.'는 것을
말씀하고 계신다고
감히 해석해 봅니다.

'관계 속에서 함께 호흡하는 것만이
인생에서 낙오하는 것을 방지할 수 있습니다.'

모든 이에게 적용되어야 할 것

신앙생활을 하는 데 있어서,
주일 예배를 포함해
모든 공예배에 참석하여 예배드리는 것은
매우 중요합니다.

새벽부터 밤까지
할 수만 있다면
24시간 기도하는 것도 매우 중요합니다.

주님이 주신 물질을 잘 관리해서
많은 이익을 남겨
십일조를 포함해 많은 헌금을 올리는 것도
매우 중요합니다.

이외에도 중요한 사항은
수를 셀 수 없을 만큼
많으리라 짐작됩니다.

하지만 저는, 그 어떤 것보다
내가 위치한 세상에서
우리를 위해 십자가에 피 흘리신 주님을

알리는 것이 그 어느 것보다
중요하다고 봅니다.

우리가 신앙생활을 열심히 하는 이유는,
주님의 생애와 말씀을
세상에 전하기 위한 제1의 목적이 있기 때문입니다.

살아생전 단 한 명도 전도하지 못하고
바쁘다는 핑계로 단 한 명에게도
복음을 전하지도 않으면서
교회 안에서 참으로 영적이고
신앙생활을 잘한다고 듣는 것은
미안하지만 가식과 위선으로
인간의 눈에 들기 위한
액션에 불과하다고 감히 말하고 싶습니다.

당신은 빠짐없이 예배에 참석하십니까?
당신은 언제나 기도하고 계십니까?
당신은 저 사람보다 큰 물질을 드리고 있습니까?

그렇다면 몇 명이나 당신의 그런 행위를 보고
메마르고 죽어가는 영혼들이 주님을 영접하고 있습니까?

아무리 열심히 신앙생활 한다 하더라도
나를 통해 주님을 믿고 알게 되는

영혼이 없다는 것은
그 어느 것보다도 나 자신을 다시 돌아봐야 할
중요한 신앙생활 중에 하나라고 확신합니다.

당신이 목사이든, 장로, 권사, 집사
또는 성도이든
그 직분과는 하등 관계없이
모든 이에게 적용되어야 할 것입니다.

'우리를 위해 십자가에 피 흘리신 주님을
알리는 것이 그 어느 것보다 중요하다고 봅니다.'

엄한 꾸중을 하신 이유

하나님이 세상을 창조하신 유일한 분이란 걸
제대로 믿었던 바리새인이나 서기관이나 율법학자들은
하나님이 주신 명령을 철저히 지켰다고 합니다.

그러나 예수님은 그들에게 험한 말로
공개적으로 꾸중을 하셨죠?

혹여 이 글을 읽는 여러분은 그 이유를
생각해 보신 적이 있나요?

저 성도는 겨우 주일 성수하는 데
나는 한 번도 빠짐없이 공예배에 참석하고
성경 공부도 열심히 했기 때문에
누구보다도 말씀을 많이 알고 외운 게 많고
저 성도는 생활의 십일조도 힘겹게 하는데
나는 철저히 십일조 생활하고
방언이나 예언 등 남이 받지 않은 은사도 받고
또 남이 하지 않는 여러 가지 봉사도 희생도 하는데
칭찬을 하시지 않고 오히려 크게 꾸중을 하셨다니
도무지 앞뒤가 맞지 않는 이야기죠.

아무리 생각하고 생각해 봐도
나의 위와 같은 모든 행위에 사랑이 빠져있으면
그것은 하나님의 영광을 위함이라기보단
자신의 얼굴을 위함이라는 결론이 나오는 것 같아요.

또 하나님은 드러내는 나의 언행에서
믿음의 척도를 보지 않는 것 같습니다.
하나님이 사랑의 대상으로 나를 찾아
지금도 여러 가지 방법으로 사랑을 베풀고 계시듯
위와 같은 온전한 생활은 다 하지 못하더라도
그 사랑을 하나님과 지금의 내 이웃에게 전하는 것을
바라시는 것 같습니다.

저는 그들에게 엄한 꾸중을 하신 이유를
바로 사랑이 없었기 때문이라고 생각합니다.

이제 나 자신부터 지금 무엇을 해야 하는지
답이 나오지요.
함께 하나님이 우리에게 주신 사랑을 배울 수 있기를
소원합니다.

'우리가 교회에서 예배드리는 것은
사랑을 제대로 배워서 실천하기 위함입니다.'

주님이 원하시는

문학평론가이자 수필 및 소설가인 이어령님은,
'글을 쓰는 사람은 생각을 쓰는 사람입니다.
생각이 바뀌면 글도 바뀌고 글이 바뀌면
내 생각의 세계도 업그레이드됩니다.
지성의 레벨에서 나오는 소리와
영성의 소리에서 나오는 글은 다르지요.'
라고 말했습니다.

모 작가는,
'생각이 업그레이드되면
오로지 글만 바뀌는 것이 아닙니다.
표현방식이 바뀌고 행동양식이 바뀝니다.
그 사람의 인격이 바뀌고 인생이 바뀝니다.
생각과 글은 지성의 우물에서 퍼 올리는 물방울입니다.
그러나 이제는 지성을 넘어 영성의 우물을 깊게 파야 합니다.
그래야 그 사람의 인생도 업그레이드됩니다.
이제는 영성의 시대입니다.'
라고 이어서 말했습니다.

내 생각대로 살다가 어느 날 어떤 계기를 통해
나를 위해 돌아가신 예수님을 만나면서

우리는 나의 삶이 바뀌기 시작합니다.
사람마다 변화되는 과정은 고속버스가 되거나
아니면 아직도 세발자전거의 속도에
비교될 수도 있습니다.

당신은 당신이 바뀐 것을
무엇을 통해 알 수 있습니까?
그저 침묵으로 묵묵히 앉아 있으면
하나님이 아신다고 생각하십니까?
하나님과 우리는 서로 사랑의 대상입니다.
하나님은 우리의 모든 것을 알고 계시지만
내 생각과 마음을 글로 써서 남기거나
입술을 통해 말하는 것을
기다리고 계실 거라고 믿고 있습니다.

위 두 분의 말대로 실천해 보는 것.
참으로 멋지지 않습니까?
저는 그것이 주님이 원하시는 서로 간 교제이고
사랑이라고 말하고 싶습니다.

'주님이 원하시는 것은 서로 간 교제이고
사랑이라고 말하고 싶습니다.'

차이를 아시나요

당신은,
보수(保守)와 진보(進步)의 차이를 아시나요?

아신다면,
그 차이를 무엇이라고 생각하시나요?

혹여,
그 차이를 흑백논리로 구별해서
상대와의 차이를 무조건 목청을 높여
나는 보수다, 나는 진보다 하며
반대하는 건 아닌가요?

언제부턴가 우리는 각기 한 편에 서서
상대를 몰아붙이는 거에 익숙해져 있다는
생각이 들지 않으세요?

몰아붙이는 나 자신이 어느 쪽에 있든지
자신이 거기에 선 본질도 모르면서
그저 남이 하니까 나도 한다는
소위 왕따가 되지 않기 위해 함께 하는 이가 많다는 것을
자주 목격하게 됩니다.

보수는,
'우리가 가진 좋은 것을 보존하고 지킨다.'이고
진보는,
'우리가 가진 것 중 잘못된 것을 하나씩 바꾸어 간다.'란
사전적 의미가 가장 정확할 것입니다.

물론 에머슨의
'보수파는 추억에 살려는 자요, 진보파는 미래와 희망에
살려는 자다.'란 말에서 보듯 양편 모두에게
긍정과 부정 의미가 함께 내포된 뜻도 있습니다.

우리의 성격이 내성과 외성이 있고
이상과 현실 중 추구하는 바가 다르듯이
세상은 추구하는 바가 다른 두 개의 큰 바퀴가
공존 공생해야 하는 것입니다.

보수와 진보는 서로 죽여 내가 살기 위함이 아니라
수레의 양 바퀴처럼
함께 굴러가야 한다는 말이지요.

인간이 제대로 사는 것은
상대를 이해하고 배려하고 잘 안되면 때론 인내도 하며
서로 사랑하며 사는 것이 가장 참된 것입니다.
이 말은 제가 하는 말이 아니라
세상을 창조하신 하나님이 말씀하신 것입니다.

천근만근(千斤萬斤) 너무 무겁네요

사랑하는 사람이
자신의 두 손으로
자신의 눈과 귀를 막고 있어요.

사랑하는 사람이
그 상태로 오늘도 위험천만한
차로(車路)를 걷고 있지요.

안타까운 마음에
그 사람에게 소리쳤어요.

손을 내리고 눈과 귀로
앞을 보고 주위에서 나는
소리를 들어 보라고요.
그 도로에서 얼른 인도로 올라오라고요.

사랑하는 사람이
내 손으로 내 눈과 귀를
막고 있는데 뭔 참견이냐고
버럭 화를 내네요.

그 소리가 무섭다고
사랑하는 사람을
모른 척해야 하나요.

세상을 살아가면서 나만의 생각이나
사상이나 이념이나 정립된 철학까지
인간 각자가 서로 다른 모든 것은 나눌 수 있지만
주님의 가르침만은
양보도 타협도 할 수 없는 거예요.

내 영혼이 메마르고 죽어가는 것이
원색 사진처럼 뚜렷하게 보이고
내 영혼을 살릴 수 있는 것을
너무나 정확하게
우리를 구원하신 주님의 가르침으로
오늘도 이어져 오고 있지만
아직도 내가 사랑하는 사람 중에는
그들의 책략(策略)에서 벗어나지
못하고 있지요.

신앙이나 교회생활은
내 맘이 동해서 자발적으로 해야 한다고
부담이나 억지로 할 수 없고
기쁜 마음으로 나가야 한다고
어찌 알았는지

듣기에 따라 타당하고 절묘하리만큼
맞는 말이에요.
성령의 의미를 잘 알고 있는 듯해요.

사랑하는 사람이
다른 건 몰라도
주님의 말씀만은 한 치의 의심도 없이
받아들였으면 좋겠어요.

다만 아직은 내 영적인 힘이
그들의 힘을 이길 수 없어서
퇴근을 앞둔 몸과 마음이
천근만근(千斤萬斤) 너무 무겁네요.

'인간은 아무리 능력이 있더라도 그들을 이길 수 없습니다.
오직 주님만이 그들을 물리칠 수 있습니다.'

찾았으면 좋겠습니다

지인들과 함께 저녁 식사를
했습니다.
그분들과는 각기 가진 삶의 목표와 목적에서
서로 공감하는 부분이 많습니다.

그래선지 음식을 앞에 두고 이야기를 시작하면
끝이 없을 정도로
이야기의 줄이 잘 끊어지지 않습니다.

언제부턴가 변해버린 나의 가치관이
이야기를 하다 보면 그 증거로
봇물처럼 터집니다.

누가 옳고 그르냐는 중요하지 않습니다.
다만 그분들과 나의 마음가짐을
더 많은 사람들이 이해하고 받아들이길
원하는 공통점만은 같습니다.

많은 사람들이 나의 삶은 나의 것이라는
자만과 아집과 교만 속에서 허우적거립니다.

우리네 삶의 목표와 목적이
지금처럼 달라지지 않는 이상
우리네 삶은 영원히 어두운 그림자가
깔려있을 것입니다.

세상 모든 사람이 그 그림자를 지울 수
있었으면 합니다.
그림자를 없애는 방법….
저희와 함께 꼭 찾았으면 좋겠습니다.

'세상 모든 사람이 그 그림자를 지울 수
있었으면 좋겠습니다.'

가르침을 따라가는 우리의 모습

성도들과 전도 대상자들과
매주 한 번씩 공을 놓고 뜀박질을 합니다.

젊은 시절 공을 찼던 수준이 높은 사람은
팀의 구성원을 보고 한심하다고 합니다.
'이런 수준으로 뭔 축구를 하냐!'는 거지요.

팀의 시스템이 일부 사회 팀과
현저한 차이가 나는 것을 보면서
'이게 뭔 클럽이냐. 동네 무리지!'라고
퉁명스럽게 말하는 이도 있습니다.

운동을 끝내고
저녁 식사 한번 제대로 못 하는 팀 재정 여건을 두고
'이래서 발전이나 하겠냐!' 하며
자신의 기분에 따라 나왔다, 안 나왔다 하는
이도 있습니다.

그렇습니다.
다 지난 시간에 있었던
나와 너 우리의 생각이었습니다.

그랬던 우리가 이제는
함께하는 그 시간을 즐겁게 여기고
내일 새롭게 만날 또 다른 팀원을 기다립니다.

모든 게 부족하지만 현재의 여건을 감사해 하는 마음과
누군가를 기다리는 마음은
나와 너를 이런저런 모양으로 창조하신
우리 주님의 가르침을 따라가는
우리의 모습인 것입니다.

'다 지난 시간에 있었던
나와 너 우리의 생각이었습니다.'

충분히 할 수 있습니다

아주 오래전 세상적인 공간에
'모든 사람은 1%씩 부족하다.'란 취지로
저의 생각을 올린 적이 있습니다.

여기서 1% 부족이란
다양한 종류를 말합니다.

능력도 지식도 아니면 지혜도 돈도
그 어떠한 것도 자신이 100% 이루었다고
하늘에 대고 부르짖어도 그것은
자기만의 착각이라는 내용이 담긴
글이었습니다.

세상적인 생각에서도 그러할 진데
크리스천이면 누구나 그 뉘앙스를
대부분 이해하고 있다고 봅니다.

어느 날 우연히 모 목사님의 칼럼에서
제가 썼던 글과 비슷한 내용의 글을 보고
깜짝 놀라지 않을 수 없었습니다.

그분은, 부족한 부분은 다른 인간을 통해
채울 수 있어야 한다고 말씀하셨습니다.

상대 또한 나처럼 부족한 사람이니
서로를 통해 부족한 부분을 채워가며
사는 삶이 진정 세상을 창조하신 우리의
주님이 원하시는 거라고 이어서
말씀하셨습니다.

그렇습니다.
상대에게 보이는 부족한 1%를 나무라기보단
그 부족한 부분을 나로 인해 채우게 하는 자세
낮아지려는 배려하는
상대를 먼저 앞세우는 마음
아주 중요한 크리스천의 자세라고 봅니다.

내가 가진 99%와 상대가 가진 99%는
소유율은 갖지만 사용되는 바는 다를 것입니다.
우리는 각자에게 부족한 1%는
서로 간의 교제를 통해 채워가지만
가진 99%는 다른 이를 위해 써야 할 것입니다.

아직도 남의 실수를, 남이 움직이지 않는다 하여
눈을 흘기고 있지 않습니까?
내 생각과 다른 생각을 가진 사람이라 하여

이미 마음으로 그 사람을 멀리하고 있습니까?
다른 사람을 대하는 내 마음이 그러하다면
내가 아무리 감추려 한들 그 마음은 다른 사람의
눈에 보이게 되어 있습니다.

우리의 눈과 마음이 주님의 눈과 마음처럼
바뀌려고 노력할 때
지금의 공동체가 더 성장할 것이라고 봅니다.

당신이 먼저 상대의 부족한 1%를
채워주기 위해 무엇을 해야 할지 찾으세요.
그것은 당신이 가진 99%로 충분히 하고도 남습니다.

'당신이 먼저 상대의 부족한 1%를
채워주기 위해 무엇을 해야 할지 찾아보세요.'

내가 거(居)한 자리에서

어렵게 살지만
그래도 좋은 일을 해보겠다고
겨우(?) 일만 원을 매월 잊지 않고
기부하는 사람이 있습니다.

상대적으로 여유롭게 살지만
오늘보다 더 큰 부자가 되면
매월 일만 원이 아니라 거액을 기부해서
더 많은 사람에게 도움이 되는 사람이 되고 싶다고
말하는 사람이 있습니다.

참으로 따뜻한 마음, 훌륭한 생각을
가진 분들입니다.
그렇다면 당신은
두 분 중 어느 분이 더 옳다고 생각하시나요?

그렇습니다.
누가 옳고 그르냐를 구분하기보다는
지금 당장 하는 것이 더 낫겠다는
생각을 하게 됩니다.

나중이라는 말은
누구나 쉽게 할 수 있는 말이지만
지금 당장 실천하는 것은
아무나 하는 것이 아니기 때문입니다.

주님이 우리에게 주신 사명이나 소명도
마찬가지입니다.
오늘 할 일이 너무 많아서 아무리 바쁘더라도
내가 거한 자리에서 행하면 되는 것입니다.

'아무리 바쁘더라도
내가 거한 자리에서 행하면 됩니다.'

어른이 해야 할 것

매년 11월 중순이면
각종 대학 진학 시험이 끝나 갑니다.

대부분 학생들이
미래의 꿈과 비전을 위해
노는 것도, 잠도 줄여가면서
각자 나름대로 열심히 한 해를 보냈습니다.

곧 결과를 통보받으면
어떤 이는 기쁜 마음으로 또 다른 어떤 이는
생각보다 낮은 점수 때문에
아쉬움과 안타까움을 가지고
각자의 길을 갈 것입니다.

점수 결과는 오랜 시간 과정을 통해 나온 열매이듯
우리의 몸 어딘가가 이상이 생기거나 아픈 것은
꼭 병인(病因)이 있습니다.
그것이 이치(理致)입니다.

시험은 내가 보고 점수도 내 점수인 것 같지만
그 진행과 결과 속에는

세상을 창조하신 하나님의 깊은 뜻이
담겨 있습니다.

그 뜻을 알지 못하는 일부 부모나 선생은
높은 점수면 으레 그 학교에 가야 한다고 말하고
점수가 한참 미치지 못하면
학생의 성향을 무시한 채 점수에 맞춰
네 인생을 가야 한다고
억지로 퍼즐을 맞추려 듭니다.

위에서 말한 병인은 육신의 질병만을
말하는 것이 아닙니다.
인간은 하나님께 받은 선물을 무시한 채
점수에 의해 길을 결정하면
영과 혼이 흔들리는 병을 얻게 됩니다.

'어떤 사물이나 상태를 변화시키거나 일으키게 하는
근본이 된 일이나 사건.' 이라는 정의를 가진
원인(原因)은 바로 거기에 기초합니다.
세상에 모든 일에는 우연(偶然)이 없습니다.
세상에 모든 일은 필연(必然)만이 있을 뿐입니다.

부모 또는 선생이라고 해서
자신들의 가치관을 학생들에게 일방적으로
강요할 순 없습니다.

그것이 설령 현재 세상의 흐름이라 할지라도
자신 인생조차 제대로 행하지 못한 자들이
할 게 못 된다는 말입니다.

어른이 학생들에게 해야 할 것은
하나님의 가르침(말씀)을 알게 하는 것입니다.
그것만이, 점수를 통해 학생의 길을 결정하게 되면
후에 큰 우려(憂慮)를 낳게 하는 것을
방지하는 비결입니다.

'어른이 학생들에게 해야 할 것은
하나님의 가르침(말씀)을 알게 하는 것입니다.'

우리 살면서 사랑을 하지요

우리 살면서 사랑을 하지요.

사랑을 어찌 배워서 하는 건지

그건 잘 몰랐지요.

살다 보니 사랑을 알게 되었고

남들이 하니 나도 사랑을 하는 거예요.

사랑에는 나와 그 대상이

꼭 필요하지요.

사랑은 그 대상에게

나의 모든 것을 주는 것이래요.

그 대상에게 나도 뭔가를 바라는 것은

사랑이라 결코 말할 수 없다네요.

사랑하는 대상이 있다면

그저 주기만 하세요.

그게 사랑이래요.

우리, 사랑을 제대로 아는 게 어떨까요.

내 생각과 방법으로 하는 사랑이

참사랑인지 알고 하셔야 하잖아요.

우리, 우리가 믿는 그분의 가르침을

지금 함께 배워요.

너와 나의 수다 속에서 1

"왜 자꾸 댓글 올리라고 사람들에게 부담을 주니?"

"부담? 음… 그럴 수도 있겠다. 부담을 가질 수 있겠어."

"그냥 편하게 놔둬. 하면 하는 거고, 안 하면 안 하는 거고 그러다가 들어오던 사람마저 발길 중단하면 어쩌려고 그러니?"

"그래, 네 말도 옳다. 하지만 누군가가 총대를 메야 할 거 같아서 그런단다."

"총대? 그럼 네가 메었다는 말이야? 왜 하필 넌데?"

"그럼 네가 내 대신 멜래?"

"아니! 그건 싫어. 내가 뭐하러 욕먹을 짓을 하냐?"

"그럼 가만히 있어. 그럼 되는 것이야. 매지 않을 거면서 괜히 딴전이나 부리지 마라."

"차암내. 뭐하러 쓸데없는 짓을 하고 그러냐?"

"쓸데없는 짓이 아니랑께. 총대를 멘 거 뿐이여."

"암튼 부담 주지 말어. 다들 바쁘고 한가롭게 컴퓨터 앞에 앉아 있기 힘들어서 그런 건데. 그런 거로 스트레스 줄 필요는 없는 거잖아."

"그래서 한가한 내가 하는 거라고요. 다들 바빠서 안 하니 나라도 해야 본전을 뽑지."

"본전이라니?"

"그런 게 있어. 어려운 형편에도 이 홈피를 유지하는 건. 다 이유가 있는 거야. 나는 사람들이 그런 것을 조금만 생각하면 좋겠다는 생각 뿐이야."

"쩝쩝, 본전은 또 뭐야…."

"내가 책임자라면 이런 홈피는 돈 주고 유지 안 해. 손해 보는 장사 거든. 손해도 이런 손해가 없지. 돈 없이 할 수 있는 방법도 엄청 많은 데."

"참말로 알 수 없는 말만 하네 그려."

"모르면 그냥 넘어가. 이 홈피마저 죽으면 정말 큰일이야. 다들 그것을 빨리 눈치채길 바랄 뿐이야."

"야아, 답답하다. 뭐가 문제인데 혼자 고뇌하는 철학자처럼 난리 법
석이야?"

"올래리? 내가 언제 난리 법석이었냐? 너 그런 말 아냐? 어설픈 철학
자는 무신론자이지만 깊은 철학자는 오히려 하나님을 경외하지."

"좀 쉽게 얘기해라. 네 생각과 글은 도통 이해하기가 힘들어."

"이눔아, 긍께 책 좀 보고 공부도 좀 해. 한국 사람이 한국말을 이해
하지 못하면 누가 우리말을 이해하겠냐!"

"그려, 그건 나중에 할 테니. 입이 무겁던 네가 왜 그러냐고 지금 내
가 묻고 있잖아!"

"자슥아, 인생사도 다 순서가 있고 단계가 있고 과정이 있어. 글 못
쓰는 사람한테 글 올리라고 하면 힘들지만 짧은 댓글은 쉽잖아. 어려
운 건 쉬운 것부터 풀어야 하듯이 그건 쉽다는 말이야. 어느 유명한
사람이 이런 말을 하더라. 중국의 만리장성도 처음부터 이루어진 게
아니고 벽돌 한 장 돌멩이 하나하나가 쌓여서 완성된 것이고 천 리 길
도 한 걸음 디뎌야 시작되는 것이라고. 한없이 방치하다 보면 이 홈피
도 다른 여느 홈피처럼 죽게 되어 있어. 수많은 홈피 중에 하루에 한
두 사람도 방문하지 않는 것들이 너무 많아. 그런 걸 너 같으면 요즘처
럼 어려운 형편에 유지하겠냐. 그 돈이면 할 수 있는 게 얼마나 많은
데…"

"조금 이해가 될라다 마넴…."

"너 같은 석두가 봉황의 뜻을 알겠냐?"

"에힝, 그래도 갑자기 닫을 순 없지. 눈도 있고 입도 있는데…."

"네가 그것을 못 봐서 그래. 그것을 보면 생각이 달라질 수 있어. 이건 장난이 아니야. 너도 나도 지금 이 글을 읽는 모든 사람도 정신 바짝 차려야 할 시점이야."

"얼라리? 어려운 거 하고 홈피하고 뭔 상관이람?"

"에궁, 멍텅구리야, 작은 생각과 뜻이 모아져야 큰 것을 이루는 것이야. 작은 걸 무시하면 그 조직은 구멍이 생기는 것이고 구멍이 커진다는 것은 성이 무너진다는 말이 되는 거야."

"허메, 알 수 없는 말만 계속하네…."

"딴소리할 거 없어. 좋든, 싫든 나 계속 보려면 너부터 댓글 달어라잉. 아무리 기운 센 천하장사도 연습 맞상대가 없으면 기운이 다해 일곱 살 동자에게도 쓰러지는 것이야."

"뭐얌? 너 협박하냐? 너 보려면 댓글 달고 안 보려면 달지 말라는 말의 의미는?"

"자슥, 예민하긴… 네가 뭘 알겠노. 나를 걸고 서라도 좀 노력하자는 말이제. 살기 힘들다고 바쁘다고 하면서 모두가 자신의 위치를 등한시하면 그건 나도 죽고 내가 속한 조직도 죽고 공멸하는 것이야."

"여긴 인간의 생각으로 유지된다거나 발전하는 곳이 아니잖아?"

"멍청한 눔이 핑곗거리는 잘도 갔다 부친다잉."

"핑계가 아닌데…."

"핑계가 아니면? 그분도 노력하는 눔들한테 주지. 가만히 앉아서 졸고 있는 눔들한테 주냐? 다들 팔짱 끼고 있으면 주시는 걸 누가 받냐고요? 뒤에 붙은 팔이 갑자기 앞으로 내밀어 받을 수 있을 거 같아?"

"야야, 몰라야. 너하고 얘기하면 머리 아파. 긍께 댓글만 달면 다 잘된다는 거잖아. 그리 말하면 쉬운 것을 돌리기는."

"돌리긴 누가 돌려. 질문의 요지를 놔두고 딴 질문만 해대는 네가 멍청한 거지."

"뭐야? 그리되는 겨. 암튼 오늘부터라도 댓글 달 테니. 고만 잘난 척하고 잔소리 좀 그만혀."

"아 넵. 그리합죠."

너와 나의 수다 속에서 2

"집사님, 홈피를 통해 전하고 싶은 말이 많으신 거 같아요?"

"예쓰! 정확한 지적!"

"…?"

"맞아요. 신앙생활, 즉 교회에서는 말이 없는 게 좋고 옳다고도 봅니다."

"엥? 지금 제가 집사님께 좀 더 정확히 이야기하자면 너무 나서지 말라는 말인데요?"

"응, 알고 있다니까욤. 하하."

"집사님께는 유쾌한 얘기가 아닌데. 기분이 나빠야지 웃는 건 또 뭐래요. 기분 나쁘지 않으세요?"

"오우, 전혀 나쁘지 않습니다."

"보통 사람들은 자신을 깎는 얘기면 혈기 높여 자신의 입장을 변호하는데…"

“하하, 나도 변호해 볼까요?”

“변호요? 또 하실 말씀이 있다는 건가요?”

“물론이죠.”

“해보시죠. 어떤 말이든지요.”

“인터넷이 무엇입니까? 내 가정부터 세상 온 끝까지 온전한 커뮤니케이션을 이루기 위해 누군가가 만든 것이죠. 그 누군가는 인간이니 인간을 창조하신 하나님이 만드신 거란 말입니다. 그치요?”

“아, 네. 우리처럼 신앙생활 하는 사람들은 당연히 그렇다고 봐야겠죠.”

“교회는 의외로 말이 많은 곳입니다. 말이 많다는 것을 삐뚤어진 시각으로 보면 위에서 말한 것처럼 말이 없는 것보다도 못하겠지요. 근데 가만히 생각해 보면 하나님께서 인터넷이란 것을 통해 말 많은 인간들이 더 많은 말을 하라고 하시는지 그 이유가 나옵니다.”

“이유요?”

“네, 이유요. 교회는 말이 많을수록 좋은 겁니다. 그건 서로에게 조금이나마 관심이 있다는 것과 직결되지요. 다만 그 말이란 것이 하나님의 말씀을 기준과 중심으로 돌면 하등 문제가 될 게 없는데 우매한 우리 인간은 모든 걸 자기 얼굴을 위해 말을 하죠.

저는 이렇게 생각합니다. 하나님 말씀을 기준에 두고, 그러니까 하나님 말씀을 왜곡하지 않는 이상 성도도 목회자도 교회도 대화를 나누기 위해 다 변해야 한다고 봅니다. 어린이와 청소년과 청년들 그리고 젊은 세대들 모두 예전의 방식으로는 전도하기가 힘들어요. 나 자신의 어릴 적 방법을 고집하는 것은 고집스럽고 융통성이 없는 거예요.

성도의 신앙이 더딘 것이나 교회의 부흥이 더디고 정체된 것은 똑같은 원리이지요. 이 세상을 창조하신 하나님은 인간의 손으로 만들어 낸 것을 허용하는 것은 다 이유가 있습니다. 인터넷도 마찬가지라는 것이지요. 인터넷을 통해 성도 간 교제를 나누는 것은 우리 기독교인들도 변화되어야 한다는 것을 암시하는 것입니다. 성도들은 발전하는 삶을 통해 우리가 믿는 예수님의 인격과 언행을 닮아가야 한다는 것이지요.

교회가 힘들고 발전을 못 하는 것은 성도 하나하나가 다른 성도에게 관심이 없다거나 또 믿지 못하는 데서 오는 것입니다. 무관심하고 믿지 못하는데 뭔 말이 필요하겠습니까. 무관심에서 오는 코드가 맞지 않는 대화와 믿지 못하는 데서 나오는 말은 분란만 주는 것입니다. 무관심은 그렇다 치고 개인적으로 바른 신앙이 있다면 설령 믿음이 상대에 대한 신뢰가 없더라도 어떤 말이라도 사랑의 말로 받을 수 있겠지요.

기독교인은 변해야 합니다. 어제보단 오늘이, 오늘보단 내일이. 바로 그 중심에 하나님 말씀과 성도 간의 교제가 있어야 하지요. 말씀으로 교제하고 교제 속에 말씀이 깔리면 나도 발전하고 교회가 발전하는 것입니다."

"집사님 말씀대로라면 반대인 경우는 나 자신이 신앙의 발전이 더
딘 거나 교회의 부흥도 더디다는 것이네요."

"그렇지요. 사람마다 신앙의 수준은 달라요. 그 신앙으로 주일 외의
시간을 이겨내는 것도 사실이지요. 한데 그게 너무 강해요. 내 신앙
이 맞는다는 것을 하나님께 묻지 않고 자신의 주장으로 다른 성도를
정죄하고 내가 하면 맞고, 다른 성도의 말은 틀리다고 하지요. 서로의
주장을 목소리의 톤을 높여 하니 교회가 말이 많은 게 되고 그 와중
에 등을 돌리는 것이지요."

"그러니 서로 말을 하지 않으면 그런 일이 없게 되겠지요. 조용히 자
신이 맡은 바만 하면서 그저 조용히…."

"그건 옳은 것 같지만 틀린 거라고 봐요. 바로 하나님이 원하시는
참된 교제를 나누기 위해 하나님께서는 바로 인터넷을 통해 그 빈 공
간을 채워 나가라는 것이에요."

"빈 공간?"

"네에, 빈 공간…. 유교적 동양적 사고가 팽배하게 머리를 채운 나
같은 사람이 변화되려면 채워진 공간에 하나님의 말씀이 들어가야 합
니다.
　공간 속에 말씀이 들어가면 들어갈수록 예전의 내 사고가 서서히
밀려나는 것이지요. 밀려나면 밀려날수록 저의 몸과 마음은 예수님의
모습을 조금씩 닮아간다는 등식이 성립되지요."

"집사님의 말씀은 보통 성도들이 자신의 세상적인 생각이 들킬까 봐 침묵하고 있다는 말이 되는 거네요."

"음… 두 가지겠지요. 하나는 내가 드러날까 봐 나를 감추려는 동작과 다른 하나는 정말 하나님 말씀대로 겸손한 것."

"어떤 게 옳은 걸까요?"

"둘 다 틀립니다. 감춘다고 아무도 모를 거라는 생각이나 겸손을 가장한 교만이지요."

"에구, 어렵네요."

"어렵지 않아요. 그저 세상이 변하는 것처럼 변하면 되는 거예요. 인간은 어느 생활이든 변화가 있어야 해요. 물론 성령을 통해 내 삶의 변화가 필수이겠지요."

"그게 쉽겠습니까?"

"물론 쉽지 않지요. 저는 공자나 맹자나 노자나 중국의 유명한 사람들의 말이 진리라고 배우고 자랐어요. 또 유명한 철학자들이 말한 것이 다 옳다고 생각하고 살았어요. 아마도 지금의 우리 목사님도 교사의 생활을 접고 목사로 방향을 바꾼 것도 그런 이유 중에 하나라고 생각해요."

"목사님이 그랬다고요?"

"네, 그랬지요. 그분과 지금의 제가 다른 길을 걷고 있지만, 저도 요즘 그것을 너무 확실하게 깨닫고 있어요. 세상에는 중국의 그런 사람들처럼 많이 배운 사람들은 참 많지요. 솔직히 말하면 많이 배운 지식인은 차고도 넘치는데 모두 쓰레기 같은 지식일 뿐이에요. 나 자신의 자아로 하나님의 하나의 참된 진리를 외면하고 있지요.
세상의 모든 기준은 하나님 말씀뿐이라는 것이지요. 하나님 말씀이 우리 삶의 거울이 되어야 하고 그 거울을 보며 우리가 살면 되는 것이지요."

"그걸 몰라서 사람들이 세상에서 허우적거리는 건 아닐 거 같은데…"

"그렇지요. 그래서 교제가 필요한 것입니다. 세상의 육일과 주일 하루 싸움은 신앙이 얕은 사람들에겐 승리하기가 버겁지요. 아마도 그 비율이 다른 목회자들만이 어쩌면 승리할지도 모르는… 그게 안타깝기 때문에 지금의 홈피를 통해 목회자나 신앙 선배들의 가르침이 필요한 거예요. 제발 자신들을 좀만 낮추어서 후배들에게 가르침을 전달하는 예수님의 본 모습을 기대하게 하는 분들이 하나씩 나서주면 좋겠어요."

"그래서 집사님이 총대를 맺다는 취지의 말씀이 그것이군요."

"세월이 흐르다 보니 어느새 젊은 성도들이 저를 바라보더군요. 그

젊은 성도의 말을 듣고 저도 깜짝 놀랐어요. 그것이 저를 더욱 반성하게 만들었지요. 아마도 다른 신앙의 선배들도 나처럼 홀로 신앙을 찾아가다가… 신앙은 나이나 연륜이나 직분이 아니란 걸 그들도 좋은 뜻으로 받아들이면 좋겠어요."

"교회의 모든 직분을 가진 분들이 그것을 찾고 이해하려는 싸움을 하고 있다는 생각이 드네요."

"맞습니다. 교회의 직분을 가진 분들이 그 참뜻을 알고 이런 작은 실천부터 한다면 분명히 하나님은 우리의 목표를 이루게 하실 겁니다."

"참! 집사님이 말한 그분들이 그 방법을 몰라서 못 하는 분들도 있을 거 같은데요."

"그건 아주 쉽다고 봐요. 그것까지 얘기해 주면 그분들이 싫어할 수 있어요. 그 정도는 다 아는 분들이란 걸 저는 믿고 있습니다."

너와 나의 수다 속에서 3

겨우 10여 평 남짓한 가게에는 제 책상 옆에 때 묻은 개인용 소파 2개가 나란히 자리하고 있습니다. 몇 년 전 함께 일하며 친구로 지내던 사람과 재활용센터에서 거금을 주고 구입한 소파입니다. 그 친구는 좁은 가게에 너무 큰 소파라고 제게 깔끔한 디자인의 의자가 어떠냐고 했습니다. 저는 그의 말에 한마디도 대꾸하지 않고 그 소파를 배달시켰습니다. 그 소파는 제게 아주 귀한 물건 중에 하나입니다. 저를 아는 지인치고 그 소파에 앉지 않았던 사람이 없기 때문입니다.

1

"교회는 뭔가 부족한 사람들이나 의지가 약한 사람들이 나가는 곳이라고 봅니다. 저는 아직 뭔가에 의지하는 게 싫어요."

"아주 옳은 말입니다. 부족하고 약하고 뭔가에 의지하고 싶어 하는 사람들이 다니는 곳이 교회가 맞습니다."

"기독교도 다른 종교와 다를 게 없어요. 종교는 다 똑같지요."

"왜 다 똑같다고 생각하나요?"

"어떤 존재를 정해 놓고 그것을 통해 소원을 빌고 그것을 통해 내 삶의 위안이나 뭔가를 얻으려는 것! 모든 종교가 그렇지요."

"종교가 다 같다는 논리는 누구를 통해 들은 건가요? 본인 스스로 정해 놓고 그렇다고 하는 건 아닌가요?"

"물론이죠. 제 스스로 터득한 거죠."

"자신의 생각이 틀릴 수 있다는 생각은 해 본 적이 있나요?"

"…?"

2

"엄마가 다니시는 교회가 이상해요. 이단 같아요. 비록 저는 교회를 다니지 않고 있지만, 교회는 인정하는데… 제가 잘 알 수 없으니 엄마에게 정확하게 말하기가 힘든 부분이네요."

"그렇다면 님이 교회를 나가면 되잖아요? 사랑하는 내 엄마가 어떤 교회를 다니는지 직접 내 눈으로 확인하면 되잖습니까?"

"교회 다니는 형수님한테 여쭤보니 괜찮다고 하는데 엄마가 다니는 교회에서 자꾸 돈을 요구한다네요. 이해할 수 없어요."

"제가 직접 보지 못해 확실한 대답은 좀 어렵겠지만, 엄마의 병을 치료해 준다는 명분으로 돈을 요구하는 것은 좀 그렇기는 하네요. 아마도 중간에 많은 부분의 이야기가 생략된 거로 보여지고요. 그러니 신앙인들과 자꾸 만나서 대화를 나누어 봐요."

"네에, 그러죠. 쉽진 않지만 공 차러는 나갈 테니 교회 나오라고 부담은 주지 마세요."

"물론이죠. 님이 교회를 가고, 가지 않고는 제가 할 수 있는 부분이 아니랍니다. 단지 하나님이 저의 입술을 통해 님과 이렇게 얘기를 나누게 하는 것 그 자체가 중요한 거죠. 암튼 요즘은 추워서 공을 뒤로 하고 있는데 곧 찰 거니까…"

"네에, 그리하겠습니다."

3

"사장님, 아니 집사님, 이제 말 놓으세요. 그래야 제가 편하지요."

"아아, 그래요? 차츰 그리되겠지요. 그래서 그 교회를 다니다 말았군요?"

"네에. 사는 게 바쁘고… 몇 년 전부터 제 손님 중에는 목사님들을 비롯한 목회하는 분들이 의외로 많았어요. 아마도 그것이 하나님이 저 자신을 인도하기 위한 메시지였던 거 같은데… 집사님과 이야기하다 보니 이젠 나가야 할 거 같아요."

"아주 잘 생각하고 결단한 것입니다."

4

"하루 온종일 앉아 있어도 오는 손님이 별로 없네요?"

"푸하하하, 정말 그러네요."

"손님이 없으면 불안하다거나 기분이 다운되지 않나요?"

"아마 님이 없었다면 불안도 하고 기분이 좋지 않았을 거 같네요."

"엥? 그렇다면 제가 있어 불안하지 않다는 말인가요?"

"그렇지요. 님도 내 고객이잖아요. 다음에 저한테 할 거잖아요? 아
닌가요?"

"그야 그렇지만 저는 지금을 말하는 건데요."

"예전엔 저도 그랬지요. 손님이 없으면 좀 그랬어요. 일 맡기러 오면
좋아하고 그저 수다만 하러 오면 싫었어요. 근데요, 싫은 걸 감추고
대화를 나누다 보니 나중에 저와 수다했던 사람들이 다 고객이더라
고요. 우리 인간은 이렇게 지금 당장의 일로 미래의 내 고객을 멀리하
지요."

"일리가 있네요. 저는 손님을 대할 때 그랬던 거 같아요. 큰 이득을 주는 손님에겐 친절한 척, 작은 일이나 귀찮은 일을 주면 다른 핑계로…"

5

"절대 강요하지 마세요. 우리가 할 일은 그저 인내로 그분이 어느 소속이고 어느 위치인지 알려만 주면 되는 것입니다."

"아니죠! 그래도 맡은 거는 해야 되는 것이죠. 그럼 누가 합니까? 그래서 직책이나 직분 등이 있는 거잖아요?"

"직책이나 직분은 우리 인간이 그저 만든 폼이라는 생각이 들어요. 그것을 맡았다고 무조건 하라는 것은 우리 인간 각자의 욕심일 뿐이고…"

"허 참, 이해할 수 없네요. 그렇게 되면 그 모임이나 조직은 허물어지는 거잖아요?"

"허물어져도 그건 할 수 없는 것이랍니다. 그저 본인이 맡은 것만 하세요. 나중에 그 입장이 바뀔 수 있으니…"

"바뀔 수 있다고요?"

"그래요, 지금의 내가 일 좀 한다 해서, 그 사람에게 향하는 불만의 손가락이 나중에는 내게 돌아온다는 말입니다. 긍께 절대 강요나 부담은 주지 마세요."

"차암내, 이러지도 저러지도 못하고…."

"아마도 하나님이 다 계획하고 계실 겁니다. 우리가 그분을 뜻을 어찌 알겠어요. 다만 님이나 저나 맡은 거만 최선을 다하면 되는 겁니다. 최선을 다하는 저나 님의 모습을 보고서 그 집사님이 조금이라도 달라지면 성공인 거죠. 그 이후는 하나님께 맡깁시다."

* * *

위의 대화에서 보듯, 오랜 시간 소파에 앉았던 많은 사람들은 제게 많은 깨달음을 주었습니다. 하나님을 믿기 전에 읽었던 처세에 관한 여러 책이나 고전이나 현대 문학 등 다양한 서적은 정답을 뇌둔 채 정답 같은 오답으로 저를 혼란스럽게 했습니다. 자신의 배움과 지식만을 자랑삼아 나열한 그런 책들은 저를 하나님 앞으로 나가게 하는 데 우유부단과 주저함만을 주었을 뿐 귀한 시간을 허비한 꼴이 되었습니다. 하지만 지금 생각하면 그런 모든 일들이 하나님이 제게 역사한 결과라는 것을 알게 됩니다. 그래선지 제가 알았던 정답 같은 오답을 성경을 통해 하나씩 교정해 나가는 요즘 시간은 참으로 행복하고 즐거울 따름입니다.

사람은 사람 각자마다 고유의 장단점이 있습니다. 하나님은 우리 인간에게 각기 다른 그릇을 주었습니다. 인간의 눈으로 보이는 그릇의 가치는 각기 다르겠지만, 하나님의 마음은 어떤 그릇이든 사랑하십니다. 하나님께서는 인간의 눈으로 각기 달리 보이는 그릇들은 외형적인 그릇의 모양에 선입관을 갖지 말고 서로 말씀대로 서로를 인정하고 서로를 통해 배우기를 원하시는 것 같습니다.

성도 간의 수다는 바로 그것을 말해 줍니다. 인간은 아무리 잘난 척한들 혼자서는 살 수 없습니다. 잘남은 구태여 표현하지 않아도 자동적으로 시간이 흐르면 알게 되지만, 못남은 지금 시인하고 반성하지 않으면 나 자신을 망가지게 합니다. 인간은 참으로 기이해서 잘남은 금방 인정하지만 못남은 절대 인정하려 들지 않습니다. 못남을 감추기 위해 더 많은 가면을 쓰려 하는 것이지요. 하나님이 가장 사랑하는 사람은 자기의 못남과 죄를 인정하는 사람이라고 봅니다. 어제까진 그랬다 하더라도 오늘 바뀌면 된다는 것이지요.

1번의 사람이 어떤 계기로 바뀌는 거와 상관없이 우린 복음을 전하면 그만이고, 2번의 청년이 공을 차러 올 때마다 교회의 이름을 알리면 될 것이고, 3번의 청년이 이런저런 이유로 결단하면 박수 쳐주면 될 것이고, 4번 같은 나약한 마음이 성경을 통해 단련되어 후에 5번처럼 하나님의 일을 하는 것을 우린 그 모든 것을 겪고 이겨냈다고 자랑하거나 명령할 수 없다는 것입니다.

지금 댓글 달기를, 온통 주제 삼아 글을 쓰는 이 사람도 제 입술로 명령하기가 힘들어 제가 맡은 사역을 빌미로 이런저런 비유로 메시지를 전달하는 것은 그 모든 시작의 중심에 그것(?)이 있기 때문입니다.

저는 여러분의 댓글 하나가 위와 같은 대화로 이어지고 대화로 인
해 대충 엮인 공동체가 아니라 사랑의 공동체가 된다면 사단과 마귀
의 훼방에서 지금 우리가 모두 승리하여 함께하는 교회의 빈자리가
채워지고 하나님의 나라가 확장된다는 것을 진심으로 받아들이길 기
대합니다.

너와 나의 수다 속에서 4

"제가 첨에 교회에 왔을 때, 집사님에 대해 듣던 말과 현재를 보면 좀 다른 거 같아요."

"헉! 뭐라고 하던데요? 또 뭐가 다른 데요?"

"교회 다닌 지 꽤 오래되었는데, 뭐라 할까… 교회를 위해 하는 일이 없다."

"푸하하하, 그럴 수 있겠네요. 그러고 보니 교회를 다닌 지 오래되긴 했네요."

"그런데 지금 와서 보면 집사님 같은 분이 오히려 교회를 위해서 보이지 않게 많은 일을 하시는 것 같아요. 솔직히 함께하는 것이 즐겁습니다. 제가 이만큼이나 신앙생활하는 것도 집사님 덕분인 거 같습니다."

"오잉? 그 말은 제 귀엔 달콤하고 듣기 좋은 말이긴 하나 옳은 말은 아닌 거 같은데요."

"네에? 왜 그렇게 생각하시나요?"

"뭐랄까… 암튼 칭찬은 감사하지만 덕분이란 건 옳은 표현이 아니라고 봅니다. 그 이유와 약간 거리가 있겠지만 이렇게 생각하면 될 거 같아요. 저는 신앙생활을 하면서 누가 뭐라 하던 원칙을 갖고 있는 게 있었어요. 그리고 우선순위도 두었답니다."

"원칙이요? 우선순위요? 신앙생활에 그런 단어가 필요 있을까요?"

"물론이죠. 원칙과 우선순위는 분명히 있다고 봅니다."

"어째서요? 원칙이나 우선순위를 두었다는 말은 다른 말로 하면 내 중심 내 자아 같은 그런 거로 신앙생활을 하고 있다는 게 아닐까요? 신앙생활 중에 가장 큰 걸림돌이잖아요?"

"오우! 그러네요. 신앙생활에 가장 큰 걸림돌. 내 중심과 자아. 아주 멋진 말입니다."

"근데 말하는 투는 별로 인정하는 분위기가 아닌 거 같은데요?"

"아아, 아닙니다. 인정할 건 인정합니다. 하지만 1% 정도는 인정하고 싶지 않아요."

"네에? 그런 말이 어딨어요?"

"그들이 저를 두고 뭐라고 말했던 저는 솔직히 그들의 말에 관심이 없었습니다. 물론 지금도요. 한마디로 말하자면, 저는 하나님 외엔 어

느 누구도 의식하지 않아요. 좀 당돌하게 들릴 수 있지요. 신앙생활은
어느 존재, 즉 사람을 의식하면 그건 신앙이 아니라고 보거든요. 신앙
생활은 오직 주님과 나 자신의 문제만 본다는 것이 틀림없는 것 같습
니다. 단지 그때와 지금의 내 신앙생활이 달라진 것은 보는 눈이 좀
더 넓어졌다는 것일 뿐…."

"넓어졌다는 의미가 무엇인가요?"

"좀 전에 말했던 대로, 당시는 주님과 저만의 일대일 문제라고 생각
했지요. 다음이 외형적인 교회생활이나 성도 간의 교제 등등이라고
생각했답니다."

"아하, 그런 것을 우선순위라고 말한 거군요? 듣고 보니 그런 것도
같네요?"

"하하하, 아닙니다. 제가 금방 말한 넓어졌다는 의미는, 그 순서를
알게 되었다는 것보단 그 모든 것이 하나라는 거예요. 특히 주님과
나 자신의 사이와 나 자신과 성도 간의 문제 등등은 유기적인 하나의
관계라는 것입니다."

"잘 알아들을 수가 없네요."

"그건 저도 님을 이해시킬 능력이 없어요. 다만 하나라는 것은 분명
한 것 같습니다. 제가 오랜 시간 한 교회를 섬기는 이유가 무엇인지
아십니까?"

"그러게요? 조금 궁금하긴 하네요."

"조금 궁금하다고요? 그럼 그건 그냥 넘어갑시다."

"에구, 그렇다고 하시던 말을 중단하는 건 좀 그렇지요."

"요즘 제가 출근하여 책상에 앉아 묵상할 때마다 떠오르는 게 있는데… 하나님께서는 우리에게 신앙생활을 하는 방법이랄까, 아니 관점이랄까 크게 두 가지로 주신 거 같아요. 하나는 나 자신, 즉 개인적 신앙과 함께 모여 하는 단체(공동체)적 신앙 이렇게 두 가지요."

"쉽게 말해서, 나와 교회에서의 생활을 말하는 거 같군요."

"그렇지요. 그 두 가지가 적절하게 혼합되어 굴러가야 한다고 봐요. 그리고 또 한 가지 우리의 몸이 육신과 영혼이 하나가 되어 움직이듯 하나님이 주신 영과 우리 자신들이 각기 가진 인간적이 면도 함께 굴러가야 한다고 봐요."

"에엣? 그건 좀 그런데요? 교회생활, 아니 신앙생활은 나를 버리고 예수님을 닮아가는 싸움인데 나의 인간적인 면도 같이해야 한다는 것은 앞뒤가 맞지 않는 거 같은데요."

"네에, 저도 그렇게 생각했기 때문에 교회 내에서 저의 인간적인 세상적인 면을 보이기 싫어서 오래전엔 형식적으로 예배에 참석했는데… 바로 그 자세가 남의 시선을 의식하는 꼴이었죠. 교회를 나오지 않는 사람들 대부분이 의외로 그런 시선을 이유로 교회 밖에 있는 경우가 많다는 것을 알게 되었어요."

"쩝쩝… 너무 어렵네요."

"어려울 건 없어요. 우리가 어느 날 갑자기 예수님을 믿게 되었다고 우리가 그 순간 예수님과 같아질 순 없잖아요. 믿는다고 내 입술로 인정한다 해도 우리들 각자의 육신적인 생각은 한 번에 사라지지 않아요. 아무리 공예배에 빠짐없이 참석하고 철야로, 새벽으로 기도해도 우린 내 신앙과 인간적인 생각은 여전하다는 것이지요.

우린 비록 함께 신앙생활을 하지만 서로 그런 부분을 인정해야 해요. 교회를 오래 다녔다고 헌금을 많이 한다고 봉사를 많이 한다고 내가 그렇게 한다고 다른 믿는 이에게 이래라저래라 말할 수 없는 부분이지요. 지금이야 누군가가 저에게 그런 말을 직설로 해도 미소로 넘어갈 수 있지만 아마도 당시에 그런 말을 님이 듣지 않고 내 귀에 들렸다면 오늘 이 자리에 제가 없을 수도 있다는 말입니다."

"아마 그것이 신앙의 깊이 차이가 아닐까요? 그런 원칙을 고수했기 때문에 이 자리에 있다는 말이 되는 거네요."

"그렇다고 봐도 무방하겠네요. 신앙의 깊이가 적절한 표현이 될지 모르겠지만, 우린 하나님 모습 자체예요. '주 안에 내가, 내가 주 안에' 라고 써져 있는 액자를 어디선가 본 적이 있습니다. 사람마다 하나님 말씀을 진정으로 받아들이는 개인의 차이가 있을 겁니다. 하나님의 형상이 나 자신인데 왜 하나님은 우리 자신들에게 이런 차이를 두셨을까요…."

"집사님, 성경을 너무 깊이 연구하다 보면 이단 소리를 들을 수 있다
고 하던데. 집사님은 스스로 깊이 빠져드는 경향이…."

"하하하, 걱정하지 마세요. 조금만 눈을 크게 뜨면 이단은 쉽게 구
별되는 거잖아요? 내가 주님이라고 하는 것과 내가 주님 안에 있다는
것은 분명한 차이가 있는 거니까. 이젠 이단 정도는 구별할 정도의 눈
은 감히 있다고 봐요. 단지 아직 성경을 다 알지 못하니 모르는 데서
오는 무지함이나 오버는 있을 수 있겠지요. 저는 하나님을 오직 하나
뿐인 창조주이고 구세주라는 것을 인정한답니다. 단지 하나님 말씀은
아시다시피, 온통 비유의 연속이기 때문에 비유를 잘못 해석하는 데
서, 내가 받은 은사를 통해 차츰 알아가는 것뿐입니다. 정확히 알려고
노력하는 것. 스스로 질문하고 대답하면서 하나님 말씀에 더욱 진심
을 담아 고개를 숙이게 되는 것이지요."

"그래서 예전에 자신을 도마 같은 사람으로 비유해서 말한 거예요?"

"오호. 그렇게 되네? 잘은 모르겠지만 도마처럼 의심이 많은 건 사
실입니다. 하지만 도마는 의심을 긍정으로 성장시켰기 때문에 다른
제자들이 못한 것을 이루었다는 말을 들은 거 같아요."

"좀 엉뚱한 얘기지만, 한 교회를 섬기는 것과 여러 교회를 다니는 것
의 차이를 무어로 보십니까?"

"헐, 저는 신학 공부를 한 사람이 아니에요. 그런 이유까지 답하기에는 버겁지요."

"에이, 제가 하는 말은 현재 집사님의 사견을 듣고 싶다는 거지, 어딘가에 있을 교과서 같은 정답을 원하는 것이 아닌 질문이지요."

"그런가요? 아마도 그 정답은 님 말대로 성경 어딘 가에 뚜렷하게 기재되어 있을 겁니다. 아무튼 사견이라니⋯.
어느 교회든지 크고 작은 차이가 있겠지만, 똑같은 문제가 있다고 봅니다. 예를 들면, 성도 간의 말에서 오는 시험거리를 비롯한 시기나 질투 같은 거. 나는 이만큼 하는 데 저 성도는 나만큼 안 한다는⋯. 아까도 말했듯이, 나는 이런저런 봉사를 하고, 헌금도 많이 하고, 이것저것 많이 하는데 저 성도는 나 보다 잘살고, 시간도 많은데 안 한다는 것을 말하는 것이지요. 또 목사는 이래야 한다. 교회는 이래야 한다거나 내가 속한 기관도 자신의 주장대로 입맛대로 변화시키려 하고 그런 자신의 생각을 옳다는 이유로 강하게 전달하지요."

"충분히 나올 만한 화두네요. 그거와 교회를 옮기는 게 관계가 있다는 건가요?"

"그래요. 바로 그것이지요. 충분히 나올 만한 이야깃거리는 맞습니다. 위에서 얘기했던 이야기는 다른 사람의 이야기가 아니라 다 제가 품고 있는 이야깁니다."

"네? 집사님 얘기요? 그렇다면? 그런 거와 집사님이 한 교회를 오래 섬기는 거와 연결이 되지 않는데요?"

"네, 물론이죠. 저는 위와 같은 생각을 하면서 교회를 다닌답니다. 아마도 많은 사람들이 저와 같을 거라는 생각이 들어요. 다만 저는 원칙과 소신이 있어요. 저 개인적으로 저 자신이 변화되지 않는 거 같으면 그런 말을 하지 않아요. 한데 변화를 스스로 느끼면 말을 하기 시작하죠."

"좀 쉽게 말씀해 주시지요. 제가 좀…."

"하하하, 저 자신이 변화가 없을 때, 즉 여기서 변화가 없을 때란 내 안의 진정한 성령이 움직이지 않는 상태에서 인간의 눈에 의해 밀려서 어떤 자리를 맡게 되면 그런 불만과 불평을 드러내 말을 하게 된다는 것입니다. 그리되면 어찌되겠어요? 나로 인해 다른 사람들이 상처를 받고 교회를 떠나게 되고 심지어는 하나님을 멀리하는 경우가 생긴다는 것이지요."

"그렇다면 제가 처음에 그분들을 통해 들었을 때는 집사님에게는 변화나 성령이 움직임이 없었다는 말이네요."

"오케바리! 바로 그것이지요. 교회에서 이런저런 일을 맡고 있는 분들은 자신의 다급함을 인내할 줄 알아야 해요. 사실 참성령은 그것을 잘 안답니다. 자신들이 성경을 많이 안다 해서 헌금을 많이 한다 해서 교회 중추적인 역할을 한다 해서 주인 행세를 한다는 것은 자신의 얼굴을 보이기 위함이기 때문에 잘못이라는 것이지요. 교회는 주님의 몸인데 자신이 교회의 주인 행세를 하게 되면 아무리 신앙이 일천한 사람도 그 정도는 알게 된다는 것이지요."

"그럼 집사님도 당시에 그런 말이 오고 가는 정도는 눈치채고 있었다는 결론이 나오네요?"

"눈치까진 그렇고, 다행히 제 귀에 직접 들리지 않아서 다행인 거죠. 아마도 당시에 직접 제 귀에 그런 말이 들렸다면 신앙이 지금보다 깊지 않았던 당시의 상태로는… 제 몸은 이 교회에 없을 수도 있겠지요. 얼마나 말 한마디가 중요한 지 새삼 느껴지잖아요."

"집사님, 진짜 교회를 옮기는 교인들의 마음을 간단명료하게 집사님 생각을 말해 주세요."

"그런 말은 제 입술로 직접 하는 것은 아주 위험하다고 봐요. 듣는 사람들 입장에 따라 왜곡해서 들릴 수 있거든요. 다만 안타까운 건 사실입니다. 지금의 저와 집사님이 이렇게 솔직하게 대화를 나누었으면 그런 일은 생기지 않는다는 것이지요. 인간들이 서로 자신의 입장과 자리를 고집하다 보니 서로에게 상처를 주는 일이 생기는 것 같아요. 서로 아껴주고 사랑해 주기에도 짧은 시간인데 정말 하나님이 원하시는 게 뭔지 알만한 분들이 그런 일을 반복해서 연출한다는 것이 너무 아쉽다는 것이지요.

우린 하나님을 조금씩 알아가는 진행 중일 뿐입니다. 나의 형편으로 인해 지극히 인간적일 수밖에 없는데 좀 더 넓은 마음과 양보와 내가 먼저 하겠다는 마음만 있으면 될 것을….

이해가 되나요? 나 자신의 신앙을 성경을 1%밖에 모르는 사람이라고 여기고 스스로 정확히 배우려는 마음을 가지고 한편으론 공동체적 신앙, 즉 교회생활을 통해 다른 성도와 도전과 결단을 하게 되고 그런 것들을 통해 내가 가진 자아를 스스로 벗어던지면서 주님과 가까워진다는 거…."

"조금 이해가 되려고 하네요."

"신앙생활은 내가 가진 것을 있는 그대로 인정하되, 말씀을 통해 성도들 간의 교제를 통해 차츰 변화를 가지면 된다고 봐요. 어제까지 가졌던 인간적이고 세상적인 내 중심과 자아를 허용되는 한 내려놓고 예수님이 그 짧은 시간에 우리 인간에게 보였던 행적, 즉 티끌 하나 죄가 없었던 예수님이 온통 죄악에서 벗어나지 못하던 인간들 틈바구니에서 무엇을 보이셨는지…. 하나님은 성경 대부분을 예수님의 행적과 어리석은 우리 인간들을 깨닫게 하기 위해 여러 비유를 통해 메시지를 주셨지요."

"마지막으로 한 가지만 더 물어볼게요. 집사님이 생각하는 교회 안에서 목사의 자세는 어찌해야 된다고 보세요?"

"목사요? 미안하지만 우리와 별다를 게 없는 인간 중에 한 명이니깐 다른 직분을 가진 자와 큰 차이 없이 움직이면 그게 올바른 자세라고 생각합니다."

"음, 너무 가벼운 대답 같아요."

“아닙니다. 그 올바른 자세, 즉 초심을 유지하는 게 참 힘들거든요. 글쎄 어느 정도의 목사가 처음 주님을 만났을 때의 마음을 유지하는 지도 모르겠지만… 암튼 이 얘기는 어려운 숙제이니 서로 고민하고 기도해 봅시다.”

너와 나의 수다 속에서 5

"가봐야 하는 거 아녀여?"

"어딜?"

"한 서너 주 못본 거 같은디, 그래도 가봐야지. 머언 일이 있는지 알아야 할 거 아녀어?"

"그럼 시간 되면 그대가 가봐아…."

"뭔 소리여. 그래도 웅웅(?) 한 사람이 가봐야지."

"내가 가야 할 이유가 그것이라 그런 겨?"

"아니, 꼭 그런 건 아니지만 웅웅(?)이 가봐야 된다는 그런 생각이 들어서 그려."

"가보고 싶으면 또래들한테 연락해서 시간되는 사람들끼리 가봐."

"올라리? 넘 무신경이네? 그럼 섭섭하게 생각할 텐디?"

"피히히, 그럴 리가 있나?"

"오잉? 그 자신감은 뭐래?"

"자신감이 아니여. 그냥 냅둬도 될 거 같은 감이 있어."

"흐메. 조직이 다르다고 그럼 안 되쥐이?"

"그냥 놔둬 봐. 나름대로 이유가 있어서 그럴 건데…."

"이유? 뭔 이유? 그니까 가보잔 말이쥐이."

"글쎄, 내 짐작이 맞는다면 곧 다시 보일 거야. 그대나 나나 그저 틈나는 대로 기도만 하면 되는 것이야."

"글세, 그럴까? 암튼 몇 주 안 보이는데 뭔 일인지 궁금한디."

"그래, 나도 궁금하긴 해. 하지만 이 모든 것이 그에 대한 하나님의 사랑일 거야."

"하나님의 사랑? 에이, 그래도 하나님을 믿는 사람들은 어떤 일이 있어도 주일에는 교회를 나와야 하는 거 아녀?"

"그렇지, 그럼 아주 이상적이지. 한데 교회를 나오지 않더라도 하나님은 그들도 사랑혀. 제대로 교회를 나오는 사람들보다 더욱 사랑할지도 몰라."

"하나님은 교회 잘 나오고, 기도 많이 하고, 봉사도 많이 하고, 헌금도 잘하는 사람들을 더욱 사랑할 거라고 보는데?"

"물론이라니깐. 하지만 하나님은 지금 방황하는 사람을 우리들보다 더욱 크게 쓰기 위해 계획과 작전을 궁리하실 거란 말이야. 아니, 이미 정하셨을 거얌."

"그럼 그에게도 그럴 거란 말이네."

"우린 하나님의 뜻을 알 수가 없자노. 어찌 우리 인간의 머리로 하나님의 섭리를 알 수 있나? 암튼 하나님은 지극히 인간적인 삶을 통해 우리를 역사하는 것은 틀림없어. 단지 아쉽다는 건…"

"뭘? 뭐가 아쉽다는 것이야?"

"자네도 교회를 정상적으로 나오는 계기가 있었잖아. 대부분 정상적인 신앙생활을 하는 사람들은 어떤 계기가 있어."

"긍께 예를 들면, 하던 사업이 부도가 났다거나 큰 병에 걸렸다거나 자신에게 어떤 안 좋은 일이 닥쳤을 때를 말하는 것이제?"

"오우, 맞아! 우리 인간들은 참으로 어리석지. 하나님은 기다리고 또 기다리다가 어떤 인간이 자신에게 돌아오지 않으면 그런 것으로 변화를 주시지."

"대부분 다 그런 거 같아. 밋밋할수록 들어오질 않지."

"이해가 빠르넴. 바로 그것이야. 하지만 하나님은 우리 인간에게 구
태여 그런 고난과 역경을 주고 싶어 하시진 않아. 다만 우리 인간 각
자가 무지하고 어리석기 때문에 스스로 그 구렁텅이에 빠지고서야 그
걸 이해하게 되지. 그리고 그게 간증거리가 되는 것이지."

"설마 그런 어려움 없이 하나님께 갈 수 있을까 싶어."

"암암, 어렵겠지. 허나 하나님이 정말 원하시는 건 그런 어려움이 닥
쳐서 하나님 앞에 무릎을 꿇는 거보단 다른 사람의 간증에서 또는 보
고 얼른 알아차리고 나오는 사람을 더욱 사랑할 거란 생각이 들어."

"그 말은 나 자신에게 하나님이 어떤 계획이 펼쳐지기 전에 알아서
하나님 앞에 고개를 숙이는 게 하나님도 좋고 나도 좋다는 말이네?"

"올라? 생각보다 엄청 이해가 빠르네? 말 나온 김에 하나 물어보자.
그댄 어떻게 하는 것이 하나님이 진정 원하는 신앙생활이라고 보남?"

"내가 그런 걸 어찌 아노… 그냥 하나님 말씀대로 살면 되는 것이
지."

"어휴, 그거야 말이 필요 없는 원론적인 이야기고."

"그런 거 아녀? 하나님 말씀, 즉 성경대로 살고자 노력하는 거. 물론

잘 안돼서 힘들긴 하지만…."

"하긴 그래, 성경대로 사는 게 가장 하나님이 원하시는 우리 인간들의 삶일 것이야…."

"다른 하고픈 말이 있는 거 같은디?"

"나는 말이다. 요즘 들어와서 자꾸 머리를 떠나지 않는 게 있단다. 어찌 보면 아주 예민한 부분이라 말하기가 좀 힘든 건데…."

"뭔데 그리 뜸을 들여?"

"성경은 보면 볼수록, 하나님은 우리 인간에게 많은 비유를 통해 깨달음을 주신다는 것을 알게 됐어. 그런데 그 비유가 아주 인간적이고 평범하다는 것이야. 우리가 익히 배운 신앙인들은 예수님처럼 거룩한 삶을 살아야 한다는 것은 실제적으로 보면 아주 상식적이고 쉽다는 말이다. 예수님은 살아생전에 지극히 인간적인 것을 많이 보이셨지."

"에힝, 우리가 거룩한 삶을 살지 못해 이토록 인생이 버거운 것인데, 너무 인간적인 삶을 살면…. 암튼 예수님의 삶과 우리의 삶은 다르겠지."

"나도 그 부분이 좀 이해가 덜 되고, 정리가 안 되는 부분이야. 왜 예수님의 삶은 지극히 인간적인 면이 많았던 걸까?"

"예를 들면?"

"봐라, 우리말대로 영적인 사람들을 보면, 지극히 하나님 말씀대로 사는 사람을 일컫는 것일 거야."

"당연하지!"

"그런 영적인 사람들이란 교회생활이든 모든 신앙적인 부분에서 모범을 보이는 거야."

"당근 말밥이지!"

"근데 소위 그들이 다른 성도를 정죄한다거나 혀로 다른 성도를 시험을 주거나 낙담하게 만들거나 실족하게 만들면?"

"그것은 영적인 신앙인이라 볼 수 없겠지?"

"오호! 바로 그 말이다. 하나님이 원하시는 대로 말씀대로 사는 사람들이 오히려 하나님이 원하시는 것을 역행하는 것이잖아. 하나님 말씀대로 살지 못하고 하나님을 잘 알지 못하는 사람들이 더 겸손하당께."

"그럼 얘기가 어떻게 되는 거얌?"

"가장 인간적인 삶이, 가장 인간대로 사는 삶이 하나님이 원하시는 영적인 사람이 된다는 말이 나오는 거지."

"영적일수록 더욱 인간적이어야 한다는 말인데…."

"봐라, 만약 지금 교회를 몇 주 안 나오는 친구에게 영적인 사람들은 그럴 거야. 어려운 일이 있을수록 교회에 나와서 말씀 듣고 기도하고 교제하고 그래야 한다. 이렇게."

"맞는 말이자노?"

"우쉬, 틀리다는 말이 아니고. 세상을 창조하신 하나님도 그에게 지금의 시간과 그것을 허용했는데 우린 그 하나님 말씀이라는 이유로 그를 교회로 나오게 하는 거잖아."

"긍께, 맞는 말이지!"

"하나님이 말이다. 음, 이런 비유가 있다. 어느 아버지에게 아들이 둘이 있는 데 아들 하나에게 얘야, 나가서 일 좀 해라. 하니깐 그 아들이 싫어요. 일하기 싫어요. 했데. 또 한 아들에게 똑같이 일 좀 해라 지시하니께 그 아들은 예쓰 했다네!"

"근데?"

"정작 노했던 아들은 나중에 반성하고 나가서 일하고. 정작 예쓰했던 아들은 일을 하지 않았다네."

"그럼 뭐얌?"

"뭐긴 뭐야. 중요한 건 아버지를 하나님이라 여긴다면 노하고 대답
했다가 반성하고 일한 아들이 하나님 앞에선 넵 하고 일하러 가지 않
은 아들보다 낫다는 말이지."

"그러니깐, 지금 교회 안 나온다고 가서 이런저런 훈계하는 것보단
설령 몇 주, 몇 달 안 나오더라도 회개하고 나오면 하나님이 더욱 좋아
하신단 말이네?"

"바로 그거제. 하나님은 나중에 반성하고 나온 자를 더욱 크게 쓸
수 있는 것이니 우린 그에게 이러쿵저러쿵 나무라지 말고 스스로 반
성하고 나오길 기다리잔 이야기지."

"한없이 기다리다가 삼천포로 빠지면?"

"그니까 간절하고 다급한 마음을 우린 기도로 바꾸어서 하나님께
영적인 변화나 성장은 맡기고 우린 인간적인 면을 있는 그대로 나누
어서 그가 얼굴을 보일 때 따뜻하게 맞이하면 된다는 것이지."

"그 말이 가장 영적인 가짐이고 또한 중요한 인간적인 면이라고 말
하는 것이네. 와우! 아까 그 이야기는 성경에 나오는 말인감?"

"웅, 정확히 몇 장, 몇 절인지는 몰라도 읽다가 느낀 점이야. 하나님
은 그런 비유를 통해 우리 인간들의 삶을 가장 영적인 삶으로 바꾸어

나가라고 깨달음을 준다는 것이제.”

“하여간, 전화하고 문자 보내고 나중에 나오면 아무 일 없는 듯 악수하면 되는 것이지?”

“근데 니 또래들은 점심을 같이하든, 아니면 좀 가봐야 할 거 같은디… 크하하하.”

“가장 인간적인 게 가장 영적이다…. 근데 성경 어디에 나온 말씀이여?”

“궁금하면 읽어 봐. 어딘가에 정확하게 적혀 있단다.”

너와 나의 수다 속에서 6

"집사님, 글이 너무 길어요!"

"푸하하, 줄이고 줄인 건데… 길다고?"

"길지요. 요즘 사람들 긴 글 잘 안 읽어요!"

"그건 그래잉, 한 달에 책 한 권 읽지 않는 사람들이 많을 텐데. 이런 글 주의해서 보는 사람들… 별로 없을 거야. 근디 내가 남들 보라고 글 올린다고 생각하남?"

"그런 거 아녀요?"

"아니야, 남을 위해 올리는 게 아니라 날 위해 올리는 거얌… 나는 말이요, 일하는 중간중간에 어떤 소재나 주제를 두고 자판 누르는 걸 좋아혀. 아마 양식만 확실히 보장된다면 글의 질을 떠나 밤새워 쓸 자신도 있지. 한데 일하기 위해 모니터 앞에 앉아야 하고, 또 취미도 모니터 앞에서 해야 하고… 그리하다 보니 눈이 침침해지고 어깨도 너무 아프고…. 근데 웬일인지 멈추어지질 않아."

"안 하면 되지요!"

"하하하, 알아. 그러잖아도 이 제목으로는 마지막 글이야. 전에 말이야 연로하신 모 집사님이 내게 이런 말씀을 하더라구. 당회장실 책꽂이에 있는 책을 볼 때마다 너무 놀라신데. 왜? 자신도 책을 많이 본다고 생각했는데 담임목사님이 읽고 보관한 책을 보면서 저절로 고개를 숙이게 된다고. 사실 나도 똑같은 생각이야. 나는 평생 직업적으로 책과 글로만 산 사람이야. 그 외는 솔직히 말해 아는 게 별로 없어. 그렇다 보니 책을 읽는다거나 글 쓰는 사람들을 존경하지. 백지 위에 깨알 같은 글자로 채워진 책을 읽는다는 것은 정말 인내가 필요하지. 주보를 봐, 똑같이 타이핑하라고 해도 쉽게 되는 양이 아니야. 사람들 말이야, 책 많이 읽고 글 쓰는 사람들 인정해야 할 필요가 있어. 난 그런 이유로 우리 담임 목사님 앞에선 힘을 못 쓰지."

"취미로 하는 건 몰라도 전업 작가들처럼 직업적으로 하는 거면 다 가능할 거 같은데요? 사실 집사님처럼 일하다 중간 짬을 내어 쓰는 사람보다 목회하는 분들은 준비할 수 있는 시간적 여유가 있는 거 아녀요?"

"물론 그렇다고 볼 수 있지만 난 지금의 내 직업이 글 쓰는 게 아니야. 단지 취미일 뿐이지. 하지만 직업적으로 하는 사람들도 목회하시는 분들도 쉽게 쓰는 게 절대 아니라구요."

"제 말은 취미로 하는 걸 가지고 힘들어할 필요가 없다는 말이지요. 안 하면 될 것을…. 근디 글쓰기가 중요한 이유가 뭐래여?"

"이렇게 생각하면 될 거 같아. 우리가 신앙인이니 신앙을 두고 보면 말이야… 구약이든 신약이든 기록이 남겨져 있기 때문에 우리가 창조주 하나님을 인정하고 예수님을 믿는 거라 생각해. 만약에 성경이 구전으로만 전해져 왔다면 과연 하는 생각이 들어. 안 그래?”

“그렇긴 하네요. 구전으로만 전해져 왔다면, 신화나 전설 같은 분위기가 되겠지요.”

“그래, 나도 그렇게 생각해. 아마도 신화나 전설로만 기독교가 흘러왔다면 난 지금 이 자리에 있는 거 장담 못 해. 내가 하나님께 무릎을 꿇는 것은 한 치의 오차도 없는 이 성경에 기록된 진리 때문이야. 인간의 혀는 믿을 게 못되거든. 하나의 이야기가 돌고 돌아 아홉이 되고 열이 되어서 너무 황당한 결과가 일어나는 것처럼…”

“혹시 그런 맥락으로 회원들조차 별로 관심 갖고 있지 않는 그런 모든 기록을 남기려고 애쓰는 겁니까?”

“그렇다고 볼 수 있지. 예수님이 열두 제자를 세우시고 십자가에 못박히기 전과 부활하신 후 열두 제자를 통해 온 세상에 알리라고 말씀하셨잖아. 당시에는 통신 매체가 없었을 거야. 그러니 제자들의 혀에 의지할 수밖에 없었고, 고로 그들의 혀를 통해 복음이 전파되었을 거야. 같은 제자들이 하나의 성령을 받았다지만, 각 지역에 흩어져 복음을 전파하면서 그들이 생명이 다하기 전에 기록을 남기지 않았더라면 물론 결과적으로 지금의 교회가 분열된 것은 복음을 전한 그들이 어떤 단어나 말을 했느냐 하는 작은 차이가 있었다는 결론이 나오지만 여태 그 근본이 유지된 것은 기록 덕분이라고 보거든.”

"설마 현재 조직의 사항을 기록하는 것과 당시 제자들의 행적을 비교하는 겁니까?"

"왜? 비교하면 안 되남?"

"아니, 그게 아니라…"

"얘기가 약간 다른 방향으로 가버렸구만. 암튼 각 나라로 파견된 제자들은 각자가 받은 하나님의 은사와 가진 능력으로 복음을 전파하였잖아. 그 와중에 그들은 더욱 효과적인 전파 방법을 연구했을 테고, 그러니 예수님을 통해 배웠던 모든 내용이나 행적을 기록으로 남겼겠지. 그것이 지금의 성경으로 모인 것이었고, 그 외에 잘못된 기록이나 문제가 있는 것은 차츰 밖으로 밀려난 것이야."

"밀려난 것?"

"그래, 밀려난 내용도 많다고 하더라고. 내 눈으로 아직 확실히 보진 못했지만 밀려난 책 중에는 예민한 부분들이 많기 때문에… 그것은 기록이 얼마나 중요한지를 말하는 것이야. 나는 교회생활을 하면서 신앙은 그저 하나님만 보고 서로 사랑으로 모든 걸 이해한다는 차원으로 해서 기록이 밀리는 것이 참 아쉽다는 생각을 오랫동안 했어."

"…?"

"지금 우리는 이 교회를 섬기고 있지만, 우린 직장이나 주택 이전이

나 기타 사유로 교회를 옮길 수 있어. 물론 교회의 빈자리는 다른 성
도로 어김없이 채워지겠지. 우리가 없다 해도 그 누군가는 직분을 받
을 테고 또 어떤 기관이든 직임을 할 것이고… 제자들이 다 죽어서도
여태 그 역사가 흘러온 것처럼 말이야. 그 성도가 타 교회에서 그 기
관 일을 했더라도 그 교회와 이 교회는 약간 다른 분위기의 조직이
될 수 있으니 참고 사항이 필요할 것이야. 그때 기록은 그에게 힘이
될 수가 있다는 말이지."

"세상적인 이치와 비슷하네요?"

"당근이지. 우리가 코리아 사람으로 살면서 코리아의 역사를 배우
잖아. 옛 문헌을 통해 배우는 데 바로 기록했던 사람들이 어떤 사람이
었냐에 따라 당시의 기록이 바뀌었을 내용이 있다는 것이지."

"그렇겠죠. 당시의 권력 집단들이 자신들을 합리화하기 위해 자신
들 입맛대로 기록을 남긴 건 알만한 사람들은 다 알지요."

"바로 그거지. 그래서 그 역사가 또 다른 시각에 있는 후대 사람들
에 의해 바뀌는 것도 생기는 것이지."

"그런 세상적인 역사와 교회에서의 기록은 구별돼야 하는 건 아닐
까여?"

"물론 그런 면도 있지만, 이치는 같다는 것이지. 기록은 중요하기 때
문에 한 사람의 생각으로 남기는 기록은 후에 문제 발생 소지가 있어.

그래서 해당 조직의 회의록 같은 것도 당시 참석자들의 명단을 기재해서 증인이 되게 하는 것이고 모든 역사도 여러 사람이 검토하여 보관하도록 하는 것이랑께."

"그나저나 집사님 글 얘기가 갑자기 역사와 교회 조직과 열두 제자에 대한 이야기로까지 발전된 이유는 뭐래요?"

"뭐긴 뭐여? 잘 쓰든, 못 쓰든 어떤 화두를 놓고 글을 써보려 노력하는 자세는 자신의 생각이나 마음가짐을 발전시킬 수 있다는 것이고, 교회 조직의 기록을 남기려 하는 것은 좀 전 말대로 그 기록을 토대로 후세의 회원들이 새로운 것을 창조하여 그 조직이 발전하게 하는 뜻이 있는 것이지. 세상을 창조하신 하나님이 자신의 아들을 보내어 열두 제자와 사도들을 통해 지금의 성경을 기록하여 지금의 우리가 함께 신앙생활을 하는 것은 다 긍정의 결과를 가져온단 말이지."

"집사님이 계속 홈페이지에 글을 올리는 것은 집사님도 좋고, 하나님 나라의 확장에 기여한다는 말이 되는 거네요?"

"그거야 내 입으로 말하기는 좀 쑥스럽징."

"암튼 그 뜻은 좋지만, 짧고 강한 메시지를 전달해 보세요. 제가 보기엔 집사님의 글을 제대로 다 읽는 사람들 별로 없을 거란 생각이 들어요."

"아까 말했자노. 누가 보든, 안 보든 날 발전시키기 위함이고 나 좋아서 하는 거라고. 누가 날 알아줬으면 하는 마음이 담겨있다면 세상적으로 성공한 대열에 올라가야 좀 먹힐 거얌. 허나 하나하나 하나님 말씀을 배울 때마다 스스로 질문하고 대답하면서 오늘보다 나은 내일이 되고자 노력하는 것은 이유를 불문으로 난 옳다고 보거든. 이렇게 글을 통해 남들에게 선보이는 것은 나 스스로의 신앙고백이자, 간증이 되는 것이지. 여태 세상에만 나의 고루한 글을 올렸던 지난 시간이 너무 아까울 뿐이야. 암튼 교회의 성도들이 정말 사는 게 바빠 글 하나 올리지 못하고 댓글 하나 못 올리는 것인지, 정말 할 줄 몰라 못하는 것인지는 몰라도 시대의 흐름과 함께 하지 못하는 것은 정말 아쉬운 부분이야. 이건 나이도, 직분도, 성별도, 세상의 위치와 상관없이 난 중요한 것이라고 보는데. 아직도 내가 나의 자랑을 일삼기 위해 이렇게 타자를 치는 걸로 보는 것 같아. 나는 그것이 지금 우리가 섬기는 교회뿐 아니라 세상 모든 교회의 성도들의 현실이라고 봐."

"좀 거창한 거 아녀요?"

"아니야, 확실해. 교회를 오래 다녔다고, 직분이 위라고, 아니면 반대로 교회 나온 지 얼마 안되었다고 모두가 뒷짐지고 있는 것 같은 이 기분…. 요즘 현대 교회의 현실이자 우리 신앙인의 문제인 것은 틀림없어. 신앙인은 내가 가진 것을 가지고 하나님께 뭔가를 받으려고 하는 자세가 아니라 한없이 주려는 마음이 참 신앙인이라고 봐. 그것이 하나님이 우리에게 대가도 없이, 한없이 주신 사랑을 다른 사람에게 전달해야 하는 사명이자, 사랑의 마음이라고 생각해. 또 그것을 통해 세상이 온전한 하나님의 나라가 된다고 보는데…"

“사람마다 자기가 좋아하는 것과 잘하는 게 있으니 다들 나름대로
주님께 받은 것을 자신의 처소에서 행하고 있지 않을까요?”

“정답! 바로 그것이야. 나도 그 행함을 시간이 되는 한 실천하는 것
일 뿐….”

❖ 서문 소개
『커피 한 잔이면 지금 문턱을 넘을 수 있다』

"잘 모르겠습니다. ○○님과 이야기하는 게 편합니다."

모 청년이 대화 중에 내게 한 말이다.

"○○아, 나는 나 자신의 발전을 위해 인터넷에서 클럽활동을 했었는데 일부 회원에게 모임의 정신적 지주라는 말을 들었단다. 아마 오랜 시간 한결같은 마음으로 그들을 대한 이유와 모임 내에서 평소 행위를 보고 그리 판단한 거라고 여겨진다. 나는 클럽 게시판과 개인 블로그(blog)에 시간이 날 때마다 하고 싶은 말이나 생각을 거짓 없이 알렸고, 상대의 댓글도 받아들이면서 해당 주제에 대한 참과 거짓을 책이나 자료를 연결하여 내 것으로 만들려고 노력했다. 내가 그런 노력을 하는 이유는, 모든 인간은 자신에 대한 생각, 사상, 이념 등은 표출(表出)할 필요가 있고, 그것이 인간이 서로 가까워질 수 있는 방법 중 하나라고 생각했기 때문이다. 나와 상대가 서로가 자신의 머리와 마음에 있는 것을 편견 없이 교류할 때 서로에게 믿음을 줄 수 있다는 평소 가짐을 실천했다는 거지. 물론 상대를 이해하는 맘을 갖기까지

현재 내가 가진 신앙이 밑바탕에 깔려 있었기에 가능했었다고 말하고
싶다. 지금 네가 내게 편하다고 말한 것도 너의 모든 이야기를 내가
그 바탕 위에서 사심(私心) 없이 받아주었기 때문일 거야."

　얼마 전, 모 집사가 나의 가게 겸 사무실을 사랑방에 비유하며 말한
적이 있다. 다양한 사람들이 들락날락한다는 의미일 것이다. 나는 칭
찬으로 받으면서 다음과 같이 그 이유를 설명했다.

　"그것은 제 능력과 하등 관계가 없다고 봅니다. 하는 일이 그렇다
보니 내 개인적으로 가장 귀하게 여기는 분들, 즉 목사님들부터 동네
불량배까지 가지각색 사람들이 모여들고 또 그들에게 물건을 팔려다
보니 그들의 기분을 맞추려고 노력했을 겁니다. 그 노력은 그들의 입
장을 충분히 고려하고 맞장구를 쳐주면서 내 편으로 만들려는 몸부
림 아니었겠습니까? 그것은 세상사는 모든 사람도 마찬가지일 거고
요. 그 과정이라고 생각하시면 됩니다."

　나는 그가 돌아간 후 못다 했던 말을 혼자서 중얼거렸다.

　'훌륭한 인격을 가진 목사부터 동네 건달 사이에는 목회하는 분들
중에도 양아치와 같은 마음을 가진 사람이 있었고 양아치 중에서는
오히려 목사를 비롯한 교역자보다 남을 배려하는 마음을 크게 가진
자도 있었다. 나는 내가 하는 일을 통해 한 가지 확신하게 된 것은, 목
회하는 사람들은 다 선하고 동네 양아치는 다 나쁘다는 선입견(先入見)
을 버렸다는 것이다. 좀 더 솔직히 말하면, 종이 한 장 차이에 불과한
똑같은 죄인일 뿐이다.'

내가 청년에게 말하다, 중단했던 모임에서 정신적 지주라는 말을 들은 것은 다음과 같은 구체적인 이유도 포함될 것 같다.

모임에 나가 보면 세상 팔도에서 모인 남녀가 자리를 차지한다. 술, 담배도 흔하게 하고 노래방이나 나이트클럽도 가고 어쩌면 흥청망청하는 분위기지만 내가 기독교인이라 해서 그 자리를 무작정 박차고 나오지 않았다. 그런 무리 속에는 하나님을 믿으면서도 거짓말을 비롯한 더 큰 죄를 범하는 사람들도 있었고, 비록 아직 주님을 영접하진 않았으나 행실이 바른 사람들도 있었다. 다만 기도문을 통해 그들을 위해 기도했고, 틈만 나면 왜 하나님을 믿어야 하는지를 간접 설파(說破)했다. 물론 교제 중에 상대가 하나님의 명령에 반대를 하고 있다 해서 그들을 나무라지도 않았다. 위에서도 말했다시피, 우리 인간의 죄는 백지 한 장 차이라는 것을 새기고 있었고 또 교만(驕慢)과 무지(無知)에서 오는 언행이라는 것을 알고 있었기 때문이다.

내게 편하다고 말을 했던 그 청년의 마음에는 이미 대못이 되어 박힌 상처들이 너무 많았던 거 같다. 당시 나는 목회를 하는 사람이 아니고 교회 밖으로 나오면 교인이자 세상에서는 평범한 사람으로서, 열심히 살고 간절하게 기도만 하면 된다는 어쩌면 상투적으로 들릴 수 있는 신앙의 멘트만으로 그를 위로해 줄 수는 없었다. 신앙의 발전과 변화를 통해, 그의 마음에 평안(平安)을 주는 것은 솔직히 나로서는 아직 할 수 없고 그것은 하나님의 계획과 역사와 하나님의 일을 하는 분들에게 일단 맡겨야 한다고 생각하면서 다음과 같은 말을 이어서 해주고 싶었다.

'지금 네 맘에서 요동(搖動)치는 불편한 것들, 즉 가족 간의 불화나 아니면 직장 및 사생활 문제 등은 무조건 엎드려 기도만 한다고 해결 될 일이 아니고, 그것을 해결하려면 그 전선에 직접 나가야 한다. 네가 결혼을 하고자 한다면 상대 이성을 찾을 수 있는 곳으로 가야지, 걸음을 옮기지도 않으면서 이성이 내게 와서, "우리 결혼할까요?"라고 해주기를 기대하는 것은 옳지 않다는 것이다. "기도만 하면 네 반려자까지 하나님이 역사해 주실 것이다."라는 목회자들의 막연한 논리(?)만 믿고 한없이 기다리지 말란 것이다. 네게 닥친 모든 문제는 영적인 흐름에서 온다. 아직 그 흐름을 온전히 깨닫지 못하고 있는 너나 나처럼 평범한 사람에게 믿음이 약하거나 기도가 부족해서 오는 것이라고 말하는 것은 진리임을 알면서도 실천하지 못하는 나약한 인간의 보편적인 마음 중 하나일 뿐이다.'

나는 그 청년에게 우선시 되어야 할 것은, 좀 더 강하고 좀 더 간절하게 기도하게 할 수 있는 마음이 우러나게 해주거나 그가 그 결단을 내릴 수 있도록 인생과 신앙의 선배로서의 책임을 말하고 싶다. 청년에게 우러날 수 있는 마음을 주려면 우리 마음에서 사심을 없애야 한다. 즉, 사심 없이 그의 말을 들어 주어야 한다.

이 책은, 전문 목회자가 아닌 평신도의 한 사람으로서 나와 이야기를 나누었던 청년에게 '사심 없이 받아주었기 때문일 거야'에 대한 설명뿐 아니라, 현재 외형적인 교회에 뚜렷한 목적이나 목표 없이 출석하는 교인이나 아직도 주님을 알지 못해 세상에서 길을 몰라 방황하고 가슴에 여러 갈래의 색깔로 고민하는 자들이 주님을 영접하고 주님을 통해 영과 육적인 문제를 해결받고 또 영원한 생명의 길로 가는

데 티끌만큼의 역할을 하고 싶어서 준비했다. 우리 각자가 하나님을 알고 믿게 된 것은 전적으로 하나님의 계획과 역사이지 인간의 역량 때문이 아니다. 어떤 이를 전도한 사람도 누군가에 의해 하나님을 처음으로 접하게 된 사람도 서로 그 원리만은 수용(受容)해야 할 것이다. 하나님과 나 사이에서 공존 공생하는 모든 인간은 각자 하나님께로 온전히 가는 데 있어 서로에게 동역 및 동행자일 뿐 그 이상도 이하도 아니다.

(이하 생략)